얼룩무늬 인간

시산맥 기획시선 **165**

제48차 기획시선 공모당선 시집

얼룩무늬 인간

시산맥 기획시선 165

초판 1쇄 인쇄 | 2025년 11월 10일
초판 1쇄 발행 | 2025년 11월 15일

지은이 유시경
펴낸이 문정영
펴낸곳 시산맥사
편집주간 김필영
편집위원 최연수 박민서
등록번호 제300-2013-12호
등록일자 2009년 4월 15일
주소 03131 서울특별시 종로구 율곡로 6길 36. 월드오피스텔 1102호
전화 02-764-8722, 010-8894-8722
전자우편 poemmtss@naver.com
시산맥카페 http://cafe.daum.net/poemmtss

ISBN 979-11-6243-646-2 (03810) 종이책
ISBN 979-11-6243-647-9 (05810) 전자책

값 12,000원

한국예술인복지재단

* 이 책은 한국예술인복지재단 예술활동준비금 지원을 받아 발간하였습니다.

* 이 책은 전부 또는 일부 내용을 재사용하려면 반드시 저작권자와 시산맥사의 동의를 받아야 합니다.

* 이 책은 교보문고와 연계하여 전자북으로 발간되었습니다.

* 본문 페이지에서 한 연이 첫 번째 행에서 시작될 때에는 〈 표기를 합니다.

* 저자의 의도에 따라 작품의 보조 동사와 합성 명사는 띄어쓰기가 달라질 수 있습니다.

얼룩무늬 인간

유시경 시집

산다는 것은 우주 속에 떠도는 메타포와 같았고

시와 마주하는 일은 우주를 달리 해석하는 신들의 능력처럼 보였다.

식당 폐업은 또 다른 꿈의 세계로 들어가는 관문이었으며

수많은 메타포 가운데 나는 단지 한 알의 씨앗일 뿐이라 여겼다.

볼품없는 씨앗을 거두어 주신 시산맥 문정영 선생님께 감사드린다.

특히 나의 사랑하는 가족에게도.

오래, 오래 걷고 싶다.

2025년 늦가을에
유시경

■ 차 례

1부

2부

3부

4부

5부

1부

어떤 신념

처음 땅을 사서
첫 농사를 짓던 날, 남편이
그만 까무룩 기절했다
더운 줄도 모르고
몸의 수분 다 새 나가는 줄도 모르고
흙을 파다가 그만
눈이 돌아가 버렸단다
세상이 허예서 죽는 줄 알았단다
조상님 덕에 살았다며
제사에 진심이다
부처님 덕에 살았다며
나눔에 충실하다
푸성귀 싣고 와 동네방네 베푸느라
시간 가는 줄 모른다
그러던 어느 날
식물들과 대화하는
한 남자를
보았다
내가 익히 알던 그가 아니었다

숯불 붙이는 풍경 1

햇살이 직방으로 쏟아지는 복날 아침
일찌감치 숯불을 붙인다
오늘은 다른 날보다 손님이 많이 들 것이다
여느 때와 달리 숯을 많이 넣는다

벌건 해가 숯을 달군다 더운 바람이 숯불 속으로 기어들
어온다
화로 앞에 아지랑이꽃불 이글거린다
새끼를 세 번씩이나 밴 어미 고양이가 먹이를 찾아 어슬
렁거린다
갈비탕 국물을 퍼서 식은 밥과 함께 섞어준다 어미 고양
이는 순한 양 같다

택시는 줄 서 있다, 불확실하게
숯가루를 털어내고 한바탕 물을 뿌린다
일당 아주머니는 수저를 채우고 진주 같은 박 양은 상추
를 씻고 있다

기사 한 분이 좋은 아침이라며 모닝커피 한 잔을 뽑아간다
지나가던 노숙인이 납 같은 표정으로 아이스크림을 퍼간다

지나가던 어린애가 아이스크림 통을 뚫어져라 쳐다본다
하나 줄까 하니 친구들을 데려온다
어차피 아이스크림도 공짜 커피도 공짜다

열린 것은 모두에게 열려 있다 모두에게 열린 것은 뜨겁
거나 차가운 것

밖으로 기어 나오는 불꽃, 화로
구멍을 닫는다
여름이어서, 불같은
여름이어서 오늘은 다른 날보다 숯에 불이 더 잘 붙는다

숯불 붙이는 풍경 2

간이역의 시린 초저녁
취업하지 못한 청년들이 우유와 컵라면을 먹는다
연변식당의 마라탕이 매운 내를 흘린다 베트남 아이가
자라는 공터가 있다

나는 그들의 입김을 등으로 느끼며
화로 입을 열고 토치로 불을 당긴다
겨울바람이 바닥을 쓸고 와 안부를 묻는다
때론 사람 대신 거리를 청소해주는 것 같다

이곳에서 부자가 되어 떠났다는 사람을 본 적이 없다
간혹 인테리어업자가 금고를 늘렸다는 이야기만 들었을 뿐

편의점이 줄줄이 사탕처럼 생겨난다 좋은 일일까
밥집은 문을 여닫는 걸 밥 먹듯 한다
마치 숯불 한 통을 붙였다 꺼트리는 것처럼,
폐업은 개업보다 많고 실업자는 동전처럼 쌓인다
추우면 빈 그릇이 늘어난다 빈 아이스크림 통처럼,
비어 있는 벤치는 더 춥다
〈

얼마 전에 함바집을 알선해 준다며 우릴 꼬드기던 사내가
곁눈질로 휙, 지나간다
다부지게 생긴 사람들 일곱 명을 데려와 고기를 먹고 외
상을 했다
그런 돈은 잊어야 한다 떼먹힌 외상값이 어디 한두 푼인가

지나고 보면 나보다 가여운 인간이 너무 많다, 그들에게
조금 나누었다 생각하면 불같던 속도 어느새 누그러진다

겨울엔 추수할 게 없다 겨울에 붙이는 화롯불은 선명하
다, 먼지 한 점
달라붙지 않는다 불에 때가 끼는 시간은 오후 여섯 시부
터다
우린 뜨거워질 때까지 겨울을 참아야 한다 이겨내야 한다
불지 않는 바람처럼 퉁퉁 붓지는 말아야 한다

국밥집의 역사

사십 년 넘은 국밥집이 말을 건다
뚝배기에 앉은 거품 걷어내는데
왼쪽 벽이 슬몃
1983년도로 나를 끌고 간다

레바논 내전 - 그들은 왜 싸우나
집권 기독교에 회교세력 반발
8년째 교전 외국군 10만 주둔

요즘 대파 값이 비싼가
누렇게 뜬 파 줄기를 솎아내는데

오른쪽 벽이 갸우뚱
1976년 4월
목마와 숙녀를 국도극장에서 상영하고
스카라에서는 몬테크리스토 백작을 상영하고 있다

다시 몸을 비트니
-20kwh의 벽을 깼습니다
대우IC냉장고가

절전 신기록 19kwh를 강력히 주장한다

기침약 투스타졸은 고질화된 기침에
효과 빠른 아스마에스는 환절기에 좋다며
지끈거리는 안구眼球를 압박한다

종이의 무게는 저울로 달고
잡지의 무게는 머리로 단다는
가로쓰기의 창시자
뿌리 깊은 나무 광고가 기억을 사로잡는다

뚝배기 속 거품과 누렇게 뜬 대파가
속수무책 빠져나온다

바람 같은 세월
부대끼며 살아온 흔적
15도쯤 기울어진 벽이 말하고 있다

거울 속의 혀

아침에 일어나
혀를 내밀어 거울을 보네
잇바디에 눌리고 백태가 끼어 못생긴 혀

그날 또 무슨 일이 있었던 거야
복숭아처럼 탐스럽고 붉을 거라 믿었던 혀

갓 지은 밥알을 깨물다가
타인을 깨물고 타인의 일가를 깨물고
타인의 일가 내력까지 깨물다가 내가 문 숟가락을 깨무네
숟가락이 이를 물고 이가 혀를 물면 물린 혀가 부풀어 오
르네

혀에서 흐르는 핏물을 삼키며
내 입은 만신창이가 되지
아니야, 오늘만 지나면 괜찮다고
아무 일도 없다는 듯 웃으며 너를 씹고 또 혀를 씹지

얼룩진 혀, 울퉁불퉁한 혀, 허옇게 변해버린 혀를 보며
거울 속 얼굴이 우네

헛바닥이 내뱉은 피가 헛바닥에 스미어 따끔거리네
뱀이 되어 밤새 나를 찌르네

꿈꾸는 벽

시선을 틀면 세상이 확실해진다
눈을 감으면 별들이 쏟아진다

초점을 짓누르는 건 때로 신비롭고 몽환적이다
눈동자는 우주, 끝도 시작도 없다

벽에 솟아난 문양을 따라 들어간다
벽마다 다른 꿈들이 도열해 있는 곳
선과 선 사이 틈과 틈 사이
갈라진 세계가 나를 빨아들인다

벽의 문이 열린다
눈은 깜빡이지 않는 게 좋다
벽과 비어 있는 그 어디쯤
눈이 눈을 버려야만 만질 수 있는
꿈이 되는 길이 거기 있다

벽의 문양이
내게 말을 거는 것
의식이 무의식으로 걸어 들어가는 것이다

〈
벽의 끝에서 나와 똑같이 생긴 나를 발견한다
꿈은 일시에 무너진다

업그레이드

잠시만 기다려주십시오

부팅을 시작한 지 삼십 분이 넘었는데 컴퓨터가 일어나
지 않는다
아직은 쓸 만한데 깜빡깜빡 눈을 감았다 떴다
아파 죽겠다며 며칠째 말썽이다

고단한 얼굴 정지된 Ctrl과 Alt
제발 Back up 해주세요
디스크의 고뇌 들을 때마다 뻐근한 허리가 우두둑 소리
를 낸다

허리를 진찰하러 정형외과에 간 적이 있다
의사는 MRI 사진을 보며 지금 당장 뒤를 열어
나사를 두 개나 세 개 정도 박아야 한다고 말했다
4번과 5번 그 어디쯤 철심을 삽입, 끌어올리면 된다고
했다

일하시면 안 됩니다
의사의 엄포에도 불구하고 내 허리는 나를 탈출하고 말

았다

　더는 수술실에 누워 UFO처럼 생긴 눈부신 무영등을 보
고 싶지 않았다

　조금만 더 참자 조금만 더, 하다가 머리에 서리가 먼지처
럼 앉았다
　진즉에 먼지처럼 쌓인 컴퓨터의 기억을 바꿔놓아야 했다

　허리통증을 앓는 환자에게 견인이란 백업과 같은 것
　계단처럼 무너진 척추, 할 수 있다면 허리를 다 밀어버리
고 싶다
　무빙워크처럼 규칙적이고 가지런하게

　까맣게 타버린 디스크 원상복구 하지 못한 채 Esc로 겨우
도망쳐 나온다

　당신은 언제 업그레이드가 가능합니까

돌려 깎기, 돌려 까기

어느 날 그가 신공을 보여준단다
사과를 한 손에 쥐고 과도를 잡더니
한 번도 쉬지 않고 껍질을 깎는다
돌려 깎기를 한다고 다 잘할 수 있는 게 아니다
껍질을 벗기는 일은 누구나 할 수 있지만
얇고 길고 둥글게 벗기는 건 아무나 못 한다
나도 한번 도전해 보겠다며 칼자루를 쥔다
어찌어찌 잘 나가나 싶더니
두 번째 바퀴에서 툭 끊기고 만다
세상을 돌려 깎는 건 그리 쉽더니만
주먹만 한 사과 한 알 돌리지 못한다
원래 돌려 깎기란 말은
선반旋盤 작업하는 금속기계 전문용어라는데
우리가 타인에게 내뱉는 사나운 말들은
이른바 돌려 까기라 한다는데
돌려 깎기와 돌려 까기는 한 끗 차이건만
나는 여태 그 뜻도 모르고 살았구나
돌려 깎으면 매끄러워지고 돌려 까면 상처만 남으니
미운 놈 착한 놈
흠집 내는 건 쉬울지 몰라도
돌려 깎는 일이란 얼마나 어려운 공정일지

벚꽃은 나선형으로

벚꽃이 나선형으로 떨어지는 동안
다섯 살 나는 어머니 손잡고 시장에 서커스 구경을 간다
벚꽃이 나선형으로 바람에 흩어지는 동안
열두 살 나는 여섯 살 여동생을 데리고 학교에 간다

벚꽃이 나선형으로 팔랑이다 바닥을 훑고 공중으로 솟아
오르는 동안
나는 어느새 육십 해를 살았고 내 딸은 돌아가신 내 어머
니 나이가 되었다
내 어머니는 저 벚꽃 바람의 소용돌이 속에 살고 계신다
벚꽃은 나선형으로 흩날리고 그럴 때면 나는 여러 가지
추상을 하게 된다

벚꽃은 늘 내 걸음보다도 천천히 내려오는데, 나는
내가 서러워 뒤로 걸으며 내 설움 속에 갇혀버리고 만다
바닥엔 벚꽃의 가여움이 무늬처럼 수놓고 내 발은 또 그
것들을 짓밟는다

벚꽃이 나선형으로 떨어져 흩날릴 때면
벚꽃이 나선형으로 흔들리는 걸 흔들리는 기억으로 보게
된다

약탕기 속의 어머니

물속에 사는 어머니
글글 가래 끓는 소리와 함께 우우 내 어머니 우시네

곪은 허파가 뱉어내는 절망의 끝자리
사발 같은 방에서 내려와
어머니, 나무로 빚은 숟가락 드셨네

검고 둥근 물의 정령들이 어머니를 데려갔어
오늘은 아무것도 보이지 않네

약복지로 지붕을 감싸 눈물을 끓였지
어머니 제발 거기서 나오세요
어머니가 잠든 약단지, 밑이 터지고 지붕이 날아갔어

나는 아궁이 문을 활짝 열어
까맣게 눌어붙은 한숨을 태우고 또 태우고
어머니 쓴 목숨 우려내듯
연탄불 앞에 앉아 숟가락으로 긁고 또 긁었지

어머니 더는 안 되겠어요

정체 모를 희망에 부채질하는 건 지쳤어요
죄송해요 어머니

이제는 검은 물을 달이지 않기로 했네

붉고 푸른 아버지

생선 치는 아버지
손바닥에 붉은 꽃 피었네
부르튼 손가락 내장을 쓸어 담고
아버지, 누더기 앞자락에 그 손을 닦네

내 아버지 등걸에 책 한 권 숨겨뒀지
아버진 언제나 신선했어
하나뿐인 자식의 덩치 큰 먹이였네

내 몸은 길어졌고 내 등은 부풀었지
나 이제 한 아이 아비가 되었네
두 손은 푸르게
두엄 같은 아버지 삶 속에서 자라났네

이제야 생각나네
아버지 손등에 꿈틀대던 뿌리 몇
도려낸 종기처럼, 이어 붙인 실밥처럼
웅그리고 있던 것이

세상은 그래도 신선했지 아버지처럼

생선 같은 글을 쓰고 두엄 같은 책을 읽네
두엄 같은 나를, 생선 같은 당신을

너를 기다리는 시간

오지 않는 너를 기다린다

너의 퇴근 시간은 자정 무렵
잠에서 깬 나는 거실을 어슬렁대다
마룻바닥에 누워 현관에 귀 기울인다
너는 왜 오지 않는 걸까

째. 깍. 째. 깍
시계 소리가 촉각을 세운다
소리를 없애고 싶어
애꿎은 숫자들 두 눈으로 긁어댄다

너는 아직도 오지 않았다
너만, 오직 너만을 기다리는 시간

기척 없는 방을 들여다본다
너의 침대 너의 잠옷 너의 가방
너의 서랍 너의 사진 너의 컴퓨터
기척 없는 너의 목적들
〈

새로 산 내 밥그릇은 어디다 뒀을까

적막을 깨우는
세탁기 종료음은
앞집에서 날까 윗집에서 나는 걸까
귀를 세우고 고개를 갸웃
아, 몰라

너의 하얀 방에 들어가
하얀 담요 위에 엎드린 채
하얀 눈을 감고 너를 생각한다
네가 사준 하얀 인형을 씹으며
너를 기다리는 시간

온통 하얀 소음

2부

얼룩무늬 인간

어둠 속에 가만히 누우면 등이 타오르는 것 같았다. 아침에 일어나 거울을 볼 때마다 내 몸에 하나둘 꽃이 피어났다. 몸의 반란이 시작된 걸까. 밤새 잠 못 드는 몸이 혼자수를 놓고 있었다. 앞머리를 붙이고 다니는 것도 짧은 치마를 입지 못하는 것도 당신과 손을 맞잡기 싫은 것도 손등과 다리에 하얀 얼룩 꽃이 피었기 때문이다. 이 꽃들 때문에 더는 사람에게 다가갈 수 없다. 우리 집 강아지 알비노 치와와는 두 살이 되면서 하얀 꼬리 위에 작은 반점이 자라기 시작했다. 세 살이 되자 점은 갈색 얼룩으로 짙어졌다. 삶은 픽션이 아니라 필연적이라지만 우연한 일도 더러는 생기는 법이지. 자고 일어나면 퍼져 있는 꽃. 군락을 이루는 꽃들의 얼룩을 지우려 약을 탄 욕조에 누워도 봤으나 공연한 짓이란 걸 깨달았다. 내 몸은 이제 얼룩 꽃으로 뒤덮인 섬이 되었다. 햇볕 아래서 무늬는 또렷해지고 투명한 물속에서 꽃들은 출렁인다. 온몸이 불처럼 타오를 때면 섬을 헤집는다. 줄기가 생기고 꽃이 번진다. 길가에 꽃들이 얼룩덜룩 피어 있다. 나도 꽃들 틈으로 숨으면 꽃처럼 보일까. 꽃만 보게 해주세요 하니 신은 내게 꽃이 되라 한다. 꽃이 앉았던 자리는 왜 폐허가 될까. 시간을 되돌릴 수 있다면 얼마나 좋을까. 얼룩으로 수놓는 불꽃 바늘이 따갑다. 뜨겁다. 섬의 활화산이 부풀어 오른다.

하루가 나를 지우고

리모컨이 나를 찾는다
티브이가 나를 본다
창문이 나를 열고 주전자가 나를 끓인다
가스 불이 나를 붙인다
세탁기가 나를 돌린다
커피가 나를 마신다

샤워기가 나를 닦고 나는 샤워기를 닦는다
당신과 내가 나와 당신을 닦아주듯이
뜨거운 물이 고인 물을 닦는다
우린 서로를 찾고 켜고 돌리고 마시고 씻긴다

더러운 것이 깨끗한 것을 덮을 때
깨끗한 것이 더러운 것들을 씻어 내리라 믿지만
깨끗하다는 것 하나만으로 더러움을 완전히 제거할 순
없다

아침이 내게 인사한다
굿모 굿모 굿굿굿 굿모오닝!
아침 인사가 렉에 걸린다

〈
전등이 나를 켰다가 끈다
커튼이 나를 걷었다 닫는다
내 공포는 밤에게 습격당한다 꿈이 내게로 걸어온다
나는 꿈과 내통하고 싶지 않은데 꿈이 나와 통하려 든다
지우개를 쥔 허공이 나를 지운다

무청을 삶으며

집 안을 정리하던 날
북쪽 베란다에 꼬박 두 해를 방치하다
미라가 돼버린 무청 시래기를 들여다보았다

영혼까지 부서진 이파리
수분 한 점 없이 습자지처럼 말라 있는데
손가락 사이에서 먼지처럼 흩날리는 잎들을 보고
앙상한 어미의 팔뚝에 링거를 꽂듯
체념 반 희망 반으로 물에 담가 두었다

이른 아침 싱크대 물통 속에서
꾸역꾸역 수액 맞고 살아난 이파리가 춤을 추는데
오래전 수술대 위에서 눈뜬 내 몸뚱이처럼
밤새 부풀어 오른 살빛 청청하다

부시고 부셔도 우러나는, 풀물 같은 눈물
수백 나날 질기디질긴 거죽으로 얼마나 몸서리쳤을까
꽃 버리고 알맹이 버리고 남은 건 대궁뿐

한 잎으로 누운 어미의 숙명
묵은 시름 씻어내고 밥상 위로 숨죽여 앉는다

미네랄 페이퍼

너의 곁에서
찢어지지 않으려 애쓰던 밤이 있다

과거를 갈아 미래를 쓰면서도
너는 견디기 어려워했다

새벽마다 찬바람 드는 골방에서
너는 나를 재우지 않으려
뺨을 때리고 머리를 쥐어뜯었다

너와 나 함께 뒹굴며
오늘도 초췌해지고 더럽혀졌으나
끝내 얇아지진 않았다

단단하구나
모든 조각난 것들의 삶이여
내 피부의 점막을 뚫고 들어오라

눈물로 얼룩진 자들의 이야기는
젖지 않는 돌의 기억 속에
영원히 가둬 두어라

사라진 입들

입이 사라졌다

사람들은 입이 도망가지 않도록 하얀 입들을 사슬에 매달았다
기다란 입으로 눈까지 가린 사람을 보았다, 그는
대화는 손끝으로 호흡은 겨드랑이로 하는 거라며 목덜미를 끌어당겼다

어느 날부턴가 사람들의 입이 바닥을 쓸고 다녔다
입은 입끼리 부딪치고 나뭇가지에도 걸렸다
비둘기 다리에 묶인 입들이 비둘기를 질질 끌고 다녔다

똑똑 맺히는 몇 방울의 언어와 함께 입들은 없어졌다
입술의 눈물 같았다 입술의 배설물 같았다
사람들은 그것이 입들의 반항인지 눈치채지 못했다

떨어진 입을 찾으려 사람들이 기어 다니기 시작했다
족쇄로 채운 입들이 허공을 향해 달렸다

입들이 사라진 자리에 뾰족한 이야기가 혓바늘처럼 돋아났다

열무, 울다

학교가 파하고 집에 돌아오면
쪽방 부엌문 앞에
열무 석단 놓여 있었네

여린 무 다듬다 손가락 베면
고추 같은 핏방울
피처럼 붉은 가루 뒤섞이었네

비에 젖은 손등
열무 밑동에 버무려져
가방 같은 김치통, 김치통 같은
가방으로 들어가 버렸네

내 손은 열무처럼 굽어
김치통에서 나오지 않네
나는 책가방에 숨어 나오기 싫었네

푹푹 열무가 우네
꾹꾹 내 손도 울었네

산소 앞에서 1

익산시 용동면 화배리 678

엄마 산소에 오니
뻐꾹 뻐꾹
뻐꾸기 운다

반가워서 우느냐 하니
뻑 뻑
대답하고 멈춘다

뻐꾹 뻐꾹 왜 이제 왔느냐고
뻐뻐꾹
그래도 좋다며
운다

산소 앞에서 2

갓 지은 책 한 권 봉투에 싸서
엄마 곁에 묻어놓는다

그렇게 바라던 꿈
사는 일보다 간절했던 학업에의 열망
공부해라, 공부해라

시들어가면서도, 엄마는
너는 이렇게 살지 말라고 일렀다

그것은 필연적인 고문
모종의 약속

엄마의 잔소리 같은 환영幻影에
길이 든 나는
다시 아이가 되어

흙을 파서 책을 묻고
꼭꼭
밟아 다독인다

겨울엔 아무도 보이지 않는다

투명한 택시가 길게 줄 서 있다. 해가 지면 그림자 없는 투명인간들이 역으로 쏟아져 나온다. 전동차가 투명인간들을 뱉어낼 때 모든 것은 주머니 두 개의 분량으로 쪼그라든다. 투명인간들은 배가 부르기나 할까. 배가 불러도 부르지 않을 것 같다. 쪼그라든 배를 움켜쥐고 투명한 바람에 실려 하나둘씩 흩어진다.

투명한 노래가 투명한 외투의 옷깃에서 단춧구멍에서 소매에서 흘러나온다. 그들의 집에 아직 투명해지지 않은 아기들이 살고 있다. 투명해진 엄마의 젖을 먹으며 투명한 미소로 퇴근하는 아빠를 기다린다.

기름기 없는 기계 속에 호두과자가 구워진다. 뻥튀기가 쇠뚜껑을 열고 뻥뻥 튀어나온다. 역 앞은 쓸쓸하지 않다. 부드러운 것들이 있어서 저녁은 늘 고소하다. 막 투명해지려는 과자를 주머니에 넣으면 부스러기들이 부딪치며 사각거린다. 투명한 동전처럼 투명한 기쁨처럼.

겨울이 되면 우리는 모두가 투명인간이다. 투명한 수증기와 투명한 구름이 만나 투명한 눈발이 흩날릴 것이다. 걸어가는 인간들은 투명바람 속에 사라지고 떠나버린 열차처럼 모두들 투명하게 살아갈 것이다. 겨울엔 아무도 눈에 띄지 않을 것이다.

악몽

고깃덩어리가 날아다닌다
주전자가 들썩거린다
컵에 물을 부어도 물이 차지 않는다
마룻바닥이 휘어진다 벽이 흘러내린다
거꾸로 솟은 발이 떨어지지 않는다

좌우를 돌아봐도 아우성치는
짐승들, 네 발로 기며
물 좀 술 좀 고기 좀 더 달라고
팔다리 물어뜯는다

눈동자는 빨개지고 이빨은 뾰족해진다
쟁반들이 부딪치고
물방울이 춤을 춘다

떨어져 나간 고기 조각이
뺨에 와서 달라붙는다
불꽃의 넋이 하늘하늘 웃는다
고깃덩어리에 입이 생긴다
고깃덩어리들의 입이
나를 차례로 집어삼킨다

3부

위대한 엉덩이

쪼그리고 앉아
일하는 것만큼 힘든 게 없다
이마를 조아리고 흙속의
뿌리와 줄기를 거두는 일꾼들
엉덩이 밑에 엉덩이 하나가 더 달려 있다
엉덩이 하나로는 바닥에 앉지도 못하는 인생
무릎과 엉덩이 높이를 맞춰야
굽은 허리 보전할 수 있어
엉덩이가 엉덩이를 호령한다
엉덩이에 엉덩이를 붙이고
엉덩이가 엉덩이를 끌고 가는 바닥의 노동
땅을 긁을수록 함께해야 하는
엉덩이들의 투쟁
인간의 엉덩이를 닮은
엉덩이 의자는
엉덩이의 식솔이자 살붙이
위대한 반려伴侶,
엉덩이에 돋아난 노동조합이다

팔월

매미 한 마리
새벽부터 방충망에 붙어 울어댄다
오늘부터 본격적인 더위가 시작될 거라고
날개를 납작, 다리를 곧추세우고 운다

저 징그럽고 까만 것들의 울음
누구는 소음이라지만
바닥에 널브러진 매미들의 껍질을 보니
살고 싶다, 하루만 더 살고 싶다고
악다구니하는 것 같아 이해할 만하다

나무에서 떨어진 매미들은
이미 제 할 일을 끝낸 것들이다
몸의 절반 이상을 비워야 울음을 내는
매미의 일생, 어둠 속에서
탈피하여 빛으로 나와 죽음을 맞이한다

매미를 읽는다 방충망 사각 구멍에 낀
매미의 다리 매미의 날개 매미의 꽁지를 읽는다, 매미를
폭염처럼 헛된 망상처럼 읽는다, 매미는

활자판에 낀 내 몸뚱이 같다 내 다리 같다
내 찢어진 어깨 같다

팔월은 언제 지나가는가
내 몸은 언제 빈 껍질이 되는가
두 팔은 아직
나뭇가지에 매달려 있는데
뿌리에 담긴 즙은 아직 짜내지도 못했는데

아기가 온다

열 달 동안
아기와 어미는 기꺼이 버텼다
붉은 이슬 비치고
양막이 터지고 나면
진통은 빨라지고 산고는 깊어졌다
태아가 어미의 자궁 밖으로
나오려 힘을 주고 있는 것이다
아기의 몸이 골반 틈에서 모색하는 것이다

태초에 분홍빛 물고기가 살고 있었네
그곳은 어둡지만 따뜻한 곳
온종일 물소리가 음악처럼 흐르는
어미의 궁궐이었네
분홍빛 물고기는 조금씩 자랐네
아가미는 희미해지고 물갈퀴는 작아졌네
물속에서 헤엄치며 노닐다
하늘로 날아오르는 꿈을 꾸었네
이백여든 번째 되던 날
동그란 몸을 비틀며
아무것도 모르는 분홍 물고기, 둥지를 박차고

세상 밖으로 나오고 말았네

아기는 머리를 내민다
골반이 틀어진 만큼 아기의 두상도 찌그러진다
어미가 눈물과 피를 흘린 만큼
아기도 아팠을 것이다
어미의 문을 열고 나오려는 것은
새로운 세상과 정면으로 마주하는 일
산모와 아기는
뼈와 뼈 사이 살과 살 사이에서
하나의 목표를 위해 협력했을 것이다
신뢰로써 서로의 고통을
분담하려 했을 것이다

근력의 바다

강문 해수욕장에 머슬 비치가 생겼다
근육 해변이라고나 할까

머슬 퀸이나 머슬 킹은 못되더라도
한번쯤 해변에서 웃통 벗고
바디 프로필 찍으러 모여드는
웅장한 청년들이 있다

쇠보다 단단한 60대 남자의 의지
두 어깨 모으고 아랫배에 힘을 준다
누구보다도 멋지게 살았다고
아픈 몸이 말해주듯
모래보다 부드러운 근력이 눈부시다

벌거벗은 세상에서 온몸으로 일했으니
그까짓, 중년의 근육쯤이야
녹아내린들 어떠리
땀방울 털고 바다에 잠기면
모두가 같은 시절
〈

물은 구릿빛으로 넘쳐난다
바다의 근력이 몸을 만드는 중이다

폭염 경보

주문진의 여름
차 창가에서 보는 바다

햇볕은 폭죽을 터뜨리고
물빛과 구름은 예외 없이 낭만적이다

오징어가 유례없는 풍년이라며
뉴스로 떠들썩하다
손바닥만 한 오징어가 세 마리에 만 원이란다

몇 해 동안 응대 못 한
몸값 비싼 물고기 벼르고 별러
좌판 어시장에 나가 오징어를 산다

오늘의 기온은 섭씨 38도
하늘과 태양이 정분이 났나
닿는 길목마다
핫, 핫, 뜨거, 뜨거 연발이다

스티로폼 접시에 놓인 차가운 살점들이

젓가락 속에서 미끄러진다
헛바닥 위에서
형체도 없이 녹아 사라져버린다

주문진의 밤은 식지 않고
오징어는 내게
왔다 갔느냐고 묻는다

Summertime Sadness

뺨을 애교머리로 내리고
앞머리를 깻잎처럼 붙인다
목덜미는 스카프로 어깨는 레이스로 덮는다

얼굴은 19호 파운데이션으로
눈썹은 더욱 진하게
입술은 자줏빛 립스틱으로 칠한다

꽃무늬 장갑을 끼고
발목까지 오는 긴 치마를 입는다

검정 양산을 든 채 햇빛을 짊어지고 걷는 그녀

몇몇은 눈 흘기며 곁눈질하고
몇몇은 손가락질하며 피해 간다
몇몇은 키득거리며,
이 계절에 어울리지 않게
라고 수군거린다

어울리지도 않는 머리 모양을 고수하며 어울리지 않는

치마와
　어울리지 않는 스카프와 어울리지 않는 레이스로 온몸을
휘감은 그녀

　그녀가 감춘 부위들은 여름의 일부
　태양에도 하얀 얼룩이 생긴다는 걸 사람들은 알까
　빛이 많이 모이는 곳일수록 그림자를 관찰하기 좋은 법

　얼룩이 덮은 얼룩의 자리
　백반白斑으로 뒤엉긴 계절 속에 한 여자가
　태양의 흑점을 찾아, 무거운
　그늘을 옮기고 있다

냉매야夜

뜨거워지기는 쉽다
겨울밤 추운 잠자리 위에 온열매트를 깐다
전기의 힘으로 온기를 더해 금세 따듯해진다

한여름 열대야 속에 침대 위는 식지 않는다
체온의 열기가 내려가지 않아 뒤척이다
냉감 매트를 사서 깔아본다
차가워지는 데에 전기의 힘만으론 부족하다
냉매라는 물질이 있어야
온도를 낮춘단다

모든 차가운 공기의 힘은 냉매를 통해 전달되는 것
한때 우리도 목적 없이 뜨거울 때가 있었지
당신과 나의 눈빛은
중간에 어떤 매체가 관여했기에
이토록 차가워졌을까

당신과 나의 몸에서 열을 빼앗아간 건 가시 같은 언어
가시가 쌓일수록 우리 사이는 얼음 같았지
뜨겁기는 쉬웠어도 차갑기는 더 쉬웠어

〈

여름밤 침대 위는 시끄럽다
차가워진 등과 등 사이
인간의 가시와 매트의 냉매가 기 싸움을 하고 있다
차가운 것들이 차갑게 얼어붙는다

붉은 벽돌 밑에 숨은 토끼를 찾아보아요

붉은 벽돌을 종이처럼 접어 토끼를 만들었네. 찢어진 벽돌 귀퉁이에서 클로버가 자라났네. 토끼풀을 짓이겨 토끼에게 먹였지. 엄마는 아기에게 토끼와 함께 먹을 밥상을 차려줬어. 푸른 풀에 붉은 벽돌 가루를 뿌리고 아가, 어서 먹으렴. 먹고 무럭무럭 자라렴. 아기는 입을 벌려 엄마가 떠 주는 밥을 맛있게 받아먹었네. 엄마는 알고 있었지. 붉은 벽돌 위에 놓인 것들은 모두 먹을 수 없는 것들뿐이란 걸. 엄마는 붉은 벽돌을 주워다 집을 짓고 창을 만들어 아기를 재웠네. 붉은 벽돌 속에서 깨어난 아기가 자라네. 무럭무럭 자라서 붉은 벽돌집에서 걸어 나오고 있네. 아기는 벽돌 같은 종이로 토끼를 접진 못하지. 그 많던 토끼들은 다 어디로 달아났을까. 붉은 벽돌은 무너지고 엄마와 놀던 자리엔 풀잎만 무성하네. 아기가 노래하네. 엄마, 엄마 어서 일어나 보세요. 토끼를 기를 시간인데요, 밥을 지어 줄 시간인데요.

그저 거미일 뿐인

거미는
제 몸으로 집을 짓고
처음부터 끝까지
그 집을 타고 갑니다

제가 만든 집이
제 몸에서 나온 흔적들이
거미가 걷는 길

거미가 남기고 간
그 길이 제 삶인지
제 살인지

거미는
알고 있을까요

제 몸과 연결된 줄을
타면서, 그저
거미일 뿐인
거미는
얼마나 아팠을까요

블루 청량리 1

퇴근하고 들어온 남자는
매일 밤 소주를 세 병씩 마셨다
안주는 쥐포 하나 혹은 두부 한 모

일 년을 하루같이
술을 여자처럼 사랑하는
남자 앞에서
술이라곤 한 방울도 입에 못 대는
아내는 고문이 따로 없었다

술상을 차리고 내오는 일은
고역 중의 고역이었다
남자의 친구들이 대여섯 명씩
들이닥칠 때마다 아내는 부엌에서
살아야 했다

한번은 만삭의 몸으로 연탄불 앞에 앉아
커다란 함지박으로 두 통이나 되는 부추전을
쉬지 않고 부친 적이 있다
〈

보다 못한 주인집 할머니는
그에게 소리쳤다

하이고오, 이 보소
새댁이 배부른 거 안 보이니껴?
너무한다 아이가
그라믄 안 되는 기라

여자만큼 술만큼 친구들도 사랑하는
남자는 안동 할머니 말에
멋쩍은 웃음으로 술만 들이켰다

그 친구들이
제 아내들을 너무도 아끼고 사랑하여
꼭꼭 감춰두고 있는 것을 보게 된 남편은
반백이 넘으니 벗들을
집에 초대하는 일은 가급적
멀리하게 되었다

블루 청량리 2

가을은 항상 옳았다
하늘은 먼지 한 점 없이 짙은 파랑이었다

문간방에 살아도
산달이 다가와도
나는 하나도 힘들지 않았다
이불을 꺼내 두 발을 걷어붙이고
꾹꾹 밟아 빨래를 했다
나른하고 졸렸으나
라면 한 개 끓여 먹고 나면
기운이 돌아왔다

안동 할머니는 마루에서
옆방 하숙생에게 먹일
점심을 준비하고 있었다
곤로 위 프라이팬에서
생선 굽는 냄새가 났다

가을만큼이나 생선구이도 옳았다
돼지고기는 더더욱,

그러나 나는 젊으니 아직은 어리니
라면 국물에 식은 밥 한 덩이
말아먹어도 나쁘지 않았다

뱃속 아기에겐 미안한 일이긴 해도
열 달 내내 고기 한 점
못 먹는 한이 있어도
남편의 월급을
저축할 수 있어 좋았다
참 든든했다

가을에
가을처럼 맑은 아기가 태어났다
아기는 항상이란 말도 필요 없이 그냥 옳은 거였다

4부

말들의 반란

어느 날 갑자기 아버지의 말들이 내 뺨을 후려쳤어. 아버지는 내게 두 다리를 모아 앉으라고 말했어. 짧은 바지는 안 돼, 해 떨어지기 전에 나가선 안 돼, 찰랑이는 옷 비치는 옷은 안 돼. 두 발 달린 것들은 안 돼. 친구를 사귀어도 안 돼, 나쁜 애들일 지도 모르잖아. 내가 지켜야 할 말을 잊어버렸어. 내가 타고 다녀야 할 말을 잃어버렸어. 외출금지령이 떨어지자 나는 탈출을 시도했어. 바닥을 훑으며 내 말들을 주워서 입에 넣기 시작했어. 말들을 쪼개 한 조각씩 목구멍으로 밀어 넣었어. 말의머리 말의내장 말의힘줄 말의심장 말의다리 말의꼬리를 잘라 야금야금 씹어 먹었어. 말을 먹어버렸어. 내가 지켜야 할 말을 꿀꺽 삼켜버렸어. 말을 뱉었어. 내 말을 묶어 놓으니 나는 견딜 수 없었지. 말을 토했어. 내가 풀어준 말들이 세상으로 달아나고 있네. 더 이상 말이 나오지 않았어. 내 말들이 날아다녔어. 네 다리가 자라 큰 말이 되었어. 내 안에 소화되지 않은 말의 기억들이 튀어나오려 했어. 내 식도에 박힌 말들의 울음이 이빨을 내밀고 두리번거리고 있었지. 두 발 달린 것들은 안 돼, 그래서 난 네 발 달린 걸 타기로 했지. 내 안에 수많은 말의 파편들을 하나씩 꺼내며 아버지, 하늘에 계신 나의 아버지. 나는 비로소 자유를 느꼈어. 말을 꼭꼭, 난 언제쯤 나를 소화할 수 있을까.

가려운 등은 나를 등지고

가려워 가려워
가려워 죽을 것만 같아
종일 타인에게 매달렸던 손이 등을 긁는다
가려움은 더러 아픔보다도 참기 힘든 것

속옷 벗어 던지고 땀내 씻어내고 나면
마음은 종잇장처럼 홀가분해졌다
건너편 아파트 창들의 불빛이 하나둘 사라지고
빈 의자에 홀로 남을 때면 내 손은 등으로 올라갔다

긁힌 자리가 딱딱하게 내려앉으면
그것을 뜯고 또 뜯어냈다
몇 날 며칠을 아니 몇 달 몇 해인지도 모르게
뜯어낸 상처는 쑥 들어갔다가 불거져 나와서
나무껍질 같은 흉터가 되었다

보이는 것만 보여주는 것은 얼마나 쉬운 일인가
손이 보지 않으면 나조차 알 수 없는 것들
수백 쪽 낱장의 골수에 박힌 더께를 후비는 것처럼
가려움을 손톱으로 파내지 않으면 안 되었다

〈

책장 속 가려운 등들이 나를 등지고 서 있다
그러나 여전히 손에 닿지 않는 등
이유 없는 소문에 뒤덮여 아무에게 내줄 수 없는 등
손가락이 책등을 더듬듯 읽지 못할 등을 기어오른다

가려워 가려워
등을 긁는다, 우수수
등들이 손으로 쏟아지기 시작했다

웃는 일

결혼하고 아기를 낳은 뒤
나는 너무 많이 웃었다
웃을 일만 생겨서 웃는 게 아니라
가만히 있어도
아기의 얼굴을 바라보기만 해도
웃음이 났다

남편의 팔베개에 청춘을 눕히고
머리맡에서 잠든
아기의 숨결을 들으면
내 어둠은 빛나고 환희에 넘쳤다
운명이란 그것을 좇거나 거스르거나 둘 중 하나

백일 된 아기를 남에게 맡긴 뒤
큰 수술을 받고 나서야 삶에 감사하게 되었다
더는 다른 슬픔은 없을 거라 믿었다
그리하여 나는
아기가 자랄 때마다, 한 발짝 한 발짝
웃음에 다가가고자 했다
〈

살아가는 것은 지탱하는 것만은 아니었다
나날이 새롭게 태어나는 꿈들을
들여다보는 것이었다

블록을 밟으며

블록 속에서 아이가 논다

어린 것들이 가지고 노는 블록은 단단하다

촘촘하다 무너지지 않는다

날카로움을 느끼는 건 그것을 밟았을 때

아픈 어른들을 수습하는 건 조각난 길이다

찬바람 불 때 인부가 깨진 블록을 다진다

블록과 블록을 잇는 건 모래와 발자국

아이들이 틈을 찾아 들어간다

블록 사이에 나무를 심는다 집을 짓는다

나뭇잎이 날리고 찻길은 넓어진다
〈

이 겨울 다시 길을 밟는다

장난감처럼 블록이 떨어진다 툭툭,

블록과 블록 사이는

어른들의 발걸음에 맞춰져 있다

모텔 캘리포니아

당신과 가는 곳은
언제나 호텔이 아닌 모텔이었지

우리 기나긴 계절을 불꽃 속에 살았네
당신은 면을 뽑아내고 나는 고기를 구웠지
냉면은 때론 미지근하고 고기는 음탕한 눈빛처럼 끈적거
렸지
삶이란 늘 검은 연기 속에서 허우적거리는 것만 같았어

당신과 나 서로를 헐뜯고 마음이 나뉘었네, 플라나리아
처럼
나는 혼자가 싫었지 내일이 오는 게 두려웠어
달콤했던 시절은 너무 좁았네, 모텔 방처럼
모텔 같은 이 세상에서 우리 벗어날 수 있을까

어둡고 황량했던 시간들이 고속철을 탄 것처럼 지났네
그 많은 술잔들 친구와 연인들
우리의 젊은 날은 어디로 숨어버렸을까

캘리포니아가 아니더라도 호텔이 아니더라도

난 이제 아무렇지 않다네

홀로 떠나기 싫어 당신과 모텔에 가네
모텔 캘리포니아에서 호텔 캘리포니아를 부르네

폐업 중

사정 있어 며칠간 문을 닫습니다

가게들이 말 없는 농성을 하고 있다
불행과 행복의 간격 그 어디쯤에서 우리는 만나고 헤어
지지만
저마다의 이유로 문을 열고 저마다의 이유로 문을 닫는다

식당 생활 사십 년 동안 하루도 빠짐없이 폐업을 꿈꿨다
매일 밤 셔터를 내리면서도 영원히 문 닫는 것은 별 같은
꿈이었다
세상이 시키는 모든 일을 해도 밥장사는 하기 싫었다
남의 입에 정직한 밥 넣어주는 일은
생각보다 어려워 웃는 날보다 우는 날이 많아졌다

자정 넘어 집으로 가는 길은 수만 가지 생각으로 머리가
어지러웠다
잔반 속에서 아이들은 자라고 수시로 바뀌는
손님 속에서 메뉴판도 바뀌어 갔다

음식은 감정이었다 음식은 정서였다

음식은 교감이었으며 인간학 그 자체였다
외로움을 견디기 어려운 곳은 사람과 사람 사이
칼이 손에 물리는 것보다 사람에게 마음을 물리는 게 더
아팠다

창고 안에서 애정행각을 벌이던 주방장과 찬모가 있었다
비좁은 공간에서도 연정은 싹트는가
밥상 위 찡그린 표정에서 남몰래 피어나던 여인의 환희
뜨거움은 배가 되고 음식은 더욱 화사해진다 우리는 서
로를,
그리고 모두를 사랑한다

며칠간 문을 닫는다는 식당은 여전히 문을 닫고 있다
낙엽을 몰고 온 사람들이 현관 앞을 쓸고 간다

사랑은 유리문처럼 식고 찬모와 주방장은 각자의 길을
떠날 것이다

녹턴, 두 개의 밤

백에 오만 원짜리 문간방에서
스무 살 된 어미가 백일 된 아기에게 눈물을 타서 젖을
먹였다

벽이 터지고 갈라져 눈발이 새어들던 그 밤
사내는 조금 일찍 퇴근했다

멈추지 않는 하혈은 석 달 열흘을 넘어가고 있었다
아기를 안고 서러워 우는 아내에게
그는 걱정 마, 내가 다 고쳐 줄게, 라며 위로했다
그의 말을 믿었고 그는 약속을 지켰다 그는 아내의 구세
주였다

어미와 아비의 눈동자를 올려다보는 아기는 숫눈처럼 희
었다 청량했다

서빙을 하다 핏덩이를 쏟은 적이 있었다 그날은 숯불 연
기조차 감미로웠다
공중화장실 차가운 타일 벽에 기대어 울음 울던 저녁은
아픔이 아니었다 슬픔도 아니었다

〈

　우린 가까이 있으면서 왜 이리 멀리 떨어져 있는가
　뺨을 타고 흐르는 내 눈물에 당신이 입을 맞추던 날이 생
각난다

　아기는 삶이 되고 감정은 병들어간다
　함께해야 할 당신과 나의 그것은 어디에 있는가
　끊임없이 서로를 믿는다는 건 얼마나 지루한 기다림인가

　부재중인 우리의 밤에 녹턴이 흐른다

　고독의 색깔도 눈물의 질량도 세월 따라 변하는 것
　그러나 삶은 인스턴트가 아니어서, 나는 또
　그렇게 당신을 사랑할 결심을 한다

수지의 총*

수지는 오늘도 총 쏘는 연습을 한다.

세상은 이미 네모난 빛이 점령했다. 횡단보도 앞에서 네모난 빛이 인간을 데리고 다녔다. 대부분의 인간들은 네모난 빛에 지배당했다. 네모난 빛은 인간에게 어떤 명령을 내리는 걸까. 오른쪽으로 걸어가는 사람과 맞은편에서 걸어오는 사람은 부딪치지 않는다. 눈이 스무 개나 달린 신호등도 네모난 빛의 지시를 받은 지 오래다. 네모난 빛은 겹눈이 수천 개나 된다. 뒤통수에도 홑눈이 여러 개 달렸으니 조심해야 한다.

네모난 빛은 오늘도 수지를 괴롭힌다. 수지는 몰래 자신의 총을 점검하는 중이다. 누구도 수지의 총을 구경하지 못한다. 언제부터인가 나도 수지처럼 방아쇠 당길 준비를 하고 있다. 수지는 총구를 바꿔놓는다. 하루에도 몇 번씩 총신을 청소하는 수지, 삐걱거리는 수지. 수지는 간헐적으로 전문가와 함께 뇌관을 살핀다. 네모난 빛 때문에 수지는 당신에게 방아쇠를 당길 뻔했다. 장전되지 않은 총알이 딸깍하고 떨어진다. 손가락 속에 숨긴 호신용 무기 같다. 당신은 절대 알 수 없는 수지의 총. 수지는 왜 탄환을 넣지 못하는 걸까.

〈

　나와 수지는 한통속이다. 수지는 오늘도 총구를 들여다본다. 반동 없는 수지의 총, 수지는 괴롭다. 총은 매번 작동하지 않는다. 탄피는 한 번도 나온 적이 없다. 오늘도 딱딱, 괴상한 소리뿐이다. 수지가 운다. 수지가 흔들린다. 수지가 총 속으로 들어가 숨어버린다. 수지는 자신을 쏴버리고 스스로 총이 되려 한다. 수지의 힘줄은 스프링이 되고 수지의 근육은 구부러진 채 방아쇠가 된다. 불쌍한 수지. 수지를 자유롭게 해 주고 싶은데, 수지를 꺼낼 순 없을까. 수지가 구체관절 인형이라면 좋겠다. 구체관절 인형엔 스프링이 필요치 않다. 구체관절 인형은 소리 내지 않지. 구체관절 인형처럼 통증을 모른다면 얼마나 좋을까. 종이와 고무줄만 있다면 진짜 총을 쏠 수 있을 텐데.

　네모난 빛이 수지를 비추고 있다. 힘없는 수지가 나를 향하고 있다. 수지는 착한 총이었을까, 착하고 투명한 총이었을까. 나의 수지는 무엇을 쏘고 싶었을까. 정말로 수지가 원한 건 외계인처럼 생긴 네모난 빛의 멸망이었을까.

* 방아쇠수지증후군을 의인화함.

굴에서 죽다

더 이상 친구를 만들지 않겠다고 다짐한 남자가 자신이 파놓은 굴로 숨어버렸다. 굴속에서 숨어 지내던 그는 안식을 느꼈다. 천국에 있는 기분이었다. 그는 굴 입구에 붉은 양탄자를 깔고 벽에 무지개를 그렸다. 죽어도 죽지 않을 파란 장미를 굴 안쪽 끝까지 심어놓았다. 등불을 켠 그는 옷을 벗어 던지고 춤을 추었다. 아무도 기억할 수 없는 노래를 부르고 아무도 말할 수 없는 주문을 외웠다. 자신이 파 놓은 굴에 그 누구도 들어올 수 없게 해달라고 두 손 모아 빌었다. 어느 날 그가 잠든 사이 이상한 소리가 들려왔다. 훗 하고 웃는 것 같기도 하고 홍 하고 콧방귀를 뀌는 것 같기도 했다. 어느 날은 톡톡 노크 소리가 나더니 그의 굴에 무언가 고개를 들이밀고 엿보는 것 같았다. 좋은 향기에 끌려서 이곳까지 오게 되었다며 그 무언가가 동료 몇을 데리고 왔다. 굴 입구에서 웅성거리는 소리가 나기 시작했다. 하나의 음성이 들리다가 둘 셋 넷 다섯 여섯 일곱… 열… 스물… 서른 서른하나 서른둘… 쉰… 백 백하나 백둘… 목소리는 늘어났고 목소리는 커지고 길어졌으며 사나워졌다. 굴은 그의 것이 아닌 모두의 굴이 되었다. 굴속에서 그것들은 광기에 사로잡혀 춤을 추었다. 그것들의 춤은 끝나지 않고 지속되었다. 그는 피곤해졌다. 자기만의 노래를 부를 수도 꽃을 심을 수도 눈을 감을 수도 없었다. 그는 그것들이 무엇일까 궁금했다. 인간이 아닌 제3의 생명체일 거라 여겼다. 그것들의 목소리는 불투명했다. 그것들의 춤사위는 독특했다 그것들의 표정은 가면에 가려져 불분명했다. 유령들의 세계 같았다. 어느 날 그것들 중 하나가 남자에게 물었다. 안녕, 너는 누구야? 어디서 왔어? 이리 들어와, 어서 들어와. 우리 집이야, 우리 집이야. 우리랑 같이 놀자, 놀자, 놀자. 소리들이 남자를 끌고 들어갔다. 제가 파놓은 굴속에서 체온으로 느낄 수 있는 건 아무것도 없었다. 그는 붉은 양탄자 위로 쓰러지고 말았다. 후회와 두려움이 먹구름처럼 밀려왔다.

5부

내가 배운 것들

아버지는 약복지로 한약 싸는 법과 한약 덖는 법을 내게 가르쳤다. 한자로 쓰인 약의 이름들을 익히게 했다. 조선 왕조를 외우게 했고 삼국지를 읽게 했다. 한약방에 취업하거나 공무원이 되길 바랐다. 모든 건 아버지 뜻대로 되지 않았다. 나는 책을 좋아했으나 그저 책 속에 빠져들 뿐이었다. 책의 주인공들에 함몰되고 책의 내용에 젖어들었다. 약복지로 한약을 싸다가 그림을 그리고 글씨를 쓰기도 했다. 어려운 한약 이름을 외우다 포기하고 말았다.

본초강목 속 신기한 그림들을 따라 그리며 시간을 달랬다. 이외수의 들개를 읽고 김홍신의 인간 시장을 읽었다. 오빠를 따라 조지오웰을 읽고 셰익스피어를 읽었다. 책은 내게 탈출하는 법을 알려주었고 나는 책들의 말대로 집을 나왔다. 오빠가 가는 곳으로 넓은 세상을 보려 떠돌았지만 안주할 곳은 집, 썩어도 집뿐이었다. 물집으로 가득 찬 바깥세상, 걸음을 쉬고 싶었다. 가장 아팠던 것은 발바닥이었다. 가장 참기 힘든 것은 태양의 열기였다. 가장 피하기 어려웠던 것은 폭우였다. 나는 책이 아니었고 오빠가 아니었으며 그들이 아니었다.

폭설

그해 겨울은 며칠 동안 함박눈이 내렸다. 해가 지고 밤이 지나고 자정이 가깝도록 눈은 폭폭 쌓였다. 나는 동생을 재우고 엄마 곁에 엎드려 숙제를 하고 있었다. 군용 담요를 덮고 누운 엄마는 저녁내 말 한마디 하지 않았다. 구운 돌을 배에 얹어달란 말도, 다리를 자근자근 밟아달란 말도 없었다. 나는 이따금 엄마를 살펴보았다. 십 분에 한 번 오 분에 한 번 일 분에 한 번씩. 그러다 평상시와 다른 엄마가 보였다. 엄마의 턱이 튀어나온 기도 언저리에서 빠르게 들썩이고 있었다. 반쯤 열린 입술 위로 비누 거품 같은 게 새어 나왔다. 양말을 찾아 엄마 발에 신기다가 문을 박차고 거리로 뛰어나왔다. 눈 때문에 세상은 고요하고 환했다. 무덤처럼 쌓인 눈을 푹푹 꺼트리며 신작로를 따라 달렸다. '대전집' 주막에서 막걸리를 들이켜고 있는 아버지 소맷자락을 끌어당겼다. 늘 양말을 신겨 달라던 엄마는 눈을 감지 못했다. 영영 눈을 뜨지도 않았다. 아버지는 짐승처럼 흐느끼며 부릅뜬 눈을 감기고 염을 시작했다. 그 밤이 지나자 언제 폭설이 내렸냐는 듯 태양이 반짝였다. 방문객들이 순식간에 모여들었고 눈은 재빠르게 녹았다. 눈부신 눈은 눈부신 햇살에 잠식당했다. 누군가 삼베로 된 옷과 요질로 내 몸을 동여맸다. 여왕의 성찬이 차려졌고 날이 너무 좋다며 다들 한마디씩 건넸다. 엄마를 묻자 다시 눈발이 휘날렸다. 그날 이후 방구들은 너무나 뜨거웠으나 나는 아랫목에 드러눕지 못했다. 그곳은 엄마의 방, 빈자리에 누워 있는 엄마를 보며 내 눈물은 흰 눈 속에 사라져갔다.

푸른곰팡이 떡

1985년 겨울. 설에 아버지는 일하던 한약방에서 가래떡을 얻어오셨다. 채 식지 않은 떡을 도마에 놓고, 아버지와 나는 번갈아가며 그것을 썰어냈다. 어설피 썬 가래떡은 떡국용 떡으로 변신했다. 소금 간이 잘 된 흰 떡을 손으로 야금야금 뜯어먹었다. 멸치와 간장만으로 끓인 떡국은 부드러울뿐더러 맛도 좋았다. 무엇보다 추운 겨울날을 따뜻하게 이겨낼 수 있어 행복했다. 둥근 소반 앞에 네 식구가 둘러앉아 시어 터진 김치에 떡을 얹어먹었다.

동지섣달 뽀얗게 흩날리는 눈발처럼 희고 말랑하던 떡은 점점 굳어져 갔다. 어느 날부터 차갑게 굳은 떡이 수분을 잃고 쩍쩍 갈라지기 시작했다. 마치 플라스틱 조각 같았다. 어느 해엔 아버지가 떡을 튀밥으로 튀겨오기도 했다. 누렇게 바래고 갈라진 떡을 끓는 물에 집어넣고 한 번 더 떡국을 끓였다. 어여쁜 여인의 웃음 같던 떡은 물속에서 익은 건지 불은 건지 모르게 흐트러졌다. 풀기 없는 떡이 물을 먹으니 쫀득함은 사라지고 사방으로 터지고 찢겨 나갔다.

얼마 동안 떡을 잊고 있었다. 한기寒氣가 빠져나갈 무렵 신문지 속에 남아있는 떡을 펼쳐 보았다. 군데군데 푸른곰팡이가 피어나고 있었다. 색연필로 칠하듯 무늬를 그리듯,

파란 꽃들이 흰 몸뚱이들을 점령하기 시작했다.

그 초봄 며칠은 집에 먹을 만한 게 없었다. 제대로 먹은 것도 없었다. 아버지는 한동안 일을 하지 못했다. 잘 먹으면 라면 한두 봉지에 콩나물이나 한 줌 넣어 끓여 먹는 정도였을까. 그날은 아버지도 나도 정말 배가 고팠다. 아버지는 푸른곰팡이 핀 떡국 떡을 소쿠리에 담아 수돗물로 박박 문질러 씻었다. 파란 꽃들이 지워지자 검은 상흔이 눈에 띄었다. 까만 점들을 일일이 손으로 떼어내니 이어 허연 결정들이 박힌 게 보였다. 떡에서 뗏국물이 우러나 하수구로 영영 사라지도록 그것을 씻고 또 씻어냈다.

그날 저녁 나는 아버지와 함께 어린 동생과 함께, 한 솥 가득 떡국을 끓여 배불리 먹었다. '가랑이가 찢어지게 가난하다'라는 의미가 무엇을 말하는 건지 알게 되었다.

용산역에서

친구 둘과 야간열차에 오른 적이 있다. 낡은 융단을 모포처럼 씌운 긴 의자 위에서, 우린 갓 마른 조기 새끼처럼 한 방향으로 허리를 꺾은 채 고단한 잠을 잤다. 기차는 아침에 대한 두려움만큼이나 길게 달려 종착역에 도착했다. 흐트러진 사자머리와 튀어나온 광대뼈, 마스카라가 웃음 따라 번져있는 실루엣. 구멍 난 그물 스타킹 속의 발가락을 낡은 구두 위로 반쯤 올린 채 담배를 물고 있는 앙상한 여인이 보였다. 그녀는 광장을 가로막은 주차금지 바리케이드에 걸터앉아 시골뜨기 소녀들을 바라보며 빨간 입술 사이로 쭈우쭈우 연기를 내뿜었다. 불안한 눈동자 여섯 개가 역전에서 두려움에 떨고 있을 때 약속처럼 아침 해가 떠올랐다. 광장 밖으로 신문지와 종이박스를 주섬주섬 챙겨 일어난 사내들이 빛과 함께 걸어 나왔다. 퇴폐적인 새벽이 사라지자 우린 잽싸게 걸음을 옮겼다. 어디로 갈 것인지 어떻게 나아가야 하는지 아무도 입을 열지 못했다. 한 명은 고향에 내려가고 한 명은 공장에 취직했다. 앞날을 배회하고 싶진 않았다. 왔던 길 되돌아가고 싶지도 않았다. 종착역에 내린 건 다만 무언가를 붙들고 싶어서였다. 실낱같은 희망을 노래하고 싶어서였다. 그러나 돌아갈 수밖에 없었다. 견뎌낼 수 없는 광장으로부터 탈출해야만 했다.

눈에 보이는 것 모두가 좌절은 아니었다고 말하고 싶다.
우린 열여덟 살이었다.

서울의 겨울

누가 뭐래도 서울은 참 좋은 곳이다. 그토록 어두웠던 유년의 삶을 순식간에 바꿔 놓다니.

아버지는 내가 상경하여 결혼하자 곧장 옆 동네로 이사했다. 나는 또 돌도 안 된 아기를 업고 아버지의 세간을 들여다봐야 했다. 친정 식구의 묵은 빨래에서 진흙탕 속의 구정물이 빠져나왔다. 그새 내 동생은 여고생이 됐고 어디서 나타났는지는 몰라도 집 나간 오빠가 돌아왔다. 작은집에 어린 아들을 떼어놓고 재가하신 할머니도 찾아왔다. 단칸방은 또다시 네 식구로 늘어났지만 삶은 희망차고 꽤나 고무적이었다.

유복자인 아버지는 말이 없었다, 여느 때처럼. 그러나 주량도 줄이고 성실하게 출근하는 아버지의 발걸음을 보았다. 몇 번이나 짜깁기한 단벌 바지도 과감히 버렸다. 사십 대 아버지의 새로운 삶이 눈앞에 펼쳐졌다. 운이 트였다. 비록 단칸방이었지만 예전과는 확연히 온도가 달랐다. 모두가 아무 일 없이 행복해 보였다. 엄마가 있어야 할 자리에 노쇠한 할머니가 잠깐 머물렀다가 가신 것을 제외하곤.

아버지는 생모를 외면하지 않았으나 손녀인 나는 가난한 아버지를 찾아온 할머니를 기쁘게 맞이할 수 없었다. 더 이상 우리 집에 우환이 생기는 일도, 아버지가 빈곤에 허덕

이는 일도 생기지 않길 바랐다.

　1989년 서울의 겨울은 따듯했다. 모두가 노동을 했으므로. 맘껏 연탄불을 때고, 먹을 것도 그다지 부족하지 않았다. 다행인지 불행인지 몰라도 오빠는 더 이상 민주화 운동과 시위 현장에 나서지 않았다. 하나뿐인 내 동생이 곁에 있어 주어 맘이 놓였다. 여동생 학비와 생활비를 보내지 않아도 되었다. 아버지는 손주의 뺨에 입 맞추며 더 이상 절망적이지 않아도 된다는 사실을 깨달았을지도 모른다.

족발 까던 할머니

　노부부의 오래된 슬레이트집. 주인 할머니는 붉은 고무통 앞에 앉아 돼지족의 잔털을 밀고 발톱 벗기는 일을 했다. 할머니는 그것을 '족발 까는' 일이라 했다. 세 살배기 내 아이가 "할머니, 뭐하슈?" 물으면 할머니는 "족발 까슈" 하고 아이가 "족발 까슈?" 하면 "그러슈" 하고 답했다. 배가 넓은 항아리를 묻어 뒷간으로 쓰던 집. 재취로 시집온 할머니는 마당에서 돼지족을 씻으며 억척같은 삶을 일궈내고 있었다.

　빼빼 마른 할아버지는 2.5톤 트럭으로 족발 자루를 운반하였다. 마당 한편에 닭장을 만들어 닭을 키우고 알을 거두기도 했다. 어쩌다 전처 자식들이 김장하러 오는 날은 할머니네 부엌에서 맛 좋은 냄새가 풍겨 나왔다. 뒷방에 살던 나는 주인집 마당을 오가며 그들의 밥상을 보았다. 할머니는 친정어머니처럼 그들에게 미역국을 끓이고 고기를 삶아 내줬다. 닭 잡는 소리도 간혹 들렸다. 따끈한 밥을 차려주는 어머니가 있다는 것은 축복일 터였다.

　다부지고 건강한 사내의 체격을 갖춘 할머니는 바커스 Bacchus를 사랑했다. 바커스 음료도 사랑했다. 고된 일을 끝낸 뒤엔 늘 한잔 술을 마시고 반드시 바커스 병을 꺼내 들이켰다. 주인 할머니를 방문하는 사람들은 늘 바커스를 사들고 왔다. 할머니의 마루에는 바카스 상자가 쌓여 있었다. 한참을 배틀거리다 호탕하게 웃던 할머니는 할 일이 남았다며 다시 마당에 앉아서 족발을 깠다. 퉁퉁 불은 할머니 손등이 족발처럼 허옇게 빛났다.

　세월이 지나 할머니 집은 재개발에 들어갔다. 작은 동네와 작은 집들이 사라지고 아파트 단지가 들어섰다. 주인 할머니도, 우리도 재개발 뒤편으로 끌려나가고 있었다.

어느 요리사의 생애

그는 입사 하루 만에 십만 원을 가불해 갔다. 아내와 이별한 그는 퇴근 후 늦은 밤이면 피곤하다며 남성 휴게방에 올라갔다. 며칠이 지나자 그는 또 이십만 원을 가불했다. 빨리 돈을 벌어 사채를 갚아야 한다며 바다 이야기를 들려주는 지하로 내려갔다. 올라가고 내려가기를 반복하며 웃고 울다가, 또 어느 날엔 아무런 표정도 짓지 않았다. 표정 없는 그를 보는 것은 두려운 일이었다. 달팽이처럼 살고 싶었는데 베짱이처럼 놀고 싶었는데, 세상은 저를 꿀벌과 개미로 만들었다며 악다구니를 했다. 한번은 주식투자에 재미를 봤다며 짜장면과 탕수육을 사기도 했다. 단타로 수익을 냈으니 자기는 머리가 비상한 거 아니냐고 넉살을 부렸다. 우린 면발처럼 길게 웃었다. 우적우적 탕수육을 씹는 것처럼 손뼉을 쳤다. 그는 정말 음식을 잘했다. 아니 모든 걸 잘했다. 못하는 건 없을 것 같았다. 휴게방에서 누군가와 속삭이고 바닷속에서 밤새 자맥질하고 나온 날은, 냉면 반죽기 뒤에 신문지를 깔고 냉면 반죽처럼 웅크려 쪽잠을 잤다. 모든 것은 여자 때문이었다. 아내 때문이었다. 그를 버린 어느 못된 애인들 때문이었단 걸 짐작할 수 있었다.

지참금

　나보다 한참 어린 조선족 P 양은 하나뿐인 아들을 위해 한 해 동안 열심히 일했다. 일찍이 한국으로 들어와 십여 년을 여기저기 식당들을 전전한 통에 허리고 무릎이고 성한 데가 없었다.

　티 없이 밝고 싹싹한 그녀, 어느 날 벽 한 귀퉁이에서 눈물을 훔치고 있었다. 결혼을 앞둔 아들은 종종 제 어머니가 일하는 식당 앞에서 담배를 태우며 서성거렸다. P 양은 마이너스 통장을 만들고 빚을 내어 아들 혼사를 치렀다. 안사돈에게 갈 지참금은 그녀에게 너무나 벅찼다. 수백만 원짜리 밍크코트와 다이아반지를 해줘야 아들을 장가보낼 수 있었던 그녀는 결혼자금이 턱없이 부족하다 울먹였다. P 양의 마음을 뼈아프게 한 건 허리와 무릎이 아닌 외아들의 미래였다. 그녀는 중국에 갔다 와야 한다며 불현듯 떠났다. 부처 같은 그 얼굴에서 눈물을 보니, 세상만사 인간사 누구도 말 안 하면 알 수가 없더라.

어느 날 아침에 생긴 일 두 가지

안색이 창백한 남자가 서류를 한 뭉치 쥐고 들어온다. 식당 직원들, 밥을 먹다 일제히 일어나 그를 맞이한다. 이것 좀 보세요. 여기 통장 사본이랑 입금내역 보이시죠? 제가 50억짜리 로또에 당첨되었거든요. 그래서 은행직원들과 회식을 좀 하려고요. 너무 감사해서요. 한 열두 명 정도 될 것 같은데… 우선 최고급 한우 특수 부위로 50인분만 준비해 주세요. 오늘 오후 5시까지 올게요. 네네, 잘 알겠습니다. 음, 50인분이라. 그럼 고기를 아주 좋은 걸로 미리 맞춰놔야겠네요. 감사합니다. 이따 뵙겠습니다.

복수腹水 차서 돌아다니던 남자가 쓰러졌다. 사이렌이 울리고 119구급차가 도착한다. 구급대원 서너 명이 약품을 준비하고 호흡기를 댄다. 겨우 정신 차린 남자가 들것에 실린다. 이렇게 술을 많이 드시면 안 돼요. 병원에서 치료받으셔야 합니다. 구급차에 오른 그 남자, 한동안 안 보이더니 얼굴이 퉁퉁 부어 광장에 나타났다. 친구 둘을 데리고 식당에 들어와 돼지갈비 3인분에 소주 다섯 병을 깐다. 이승에 무슨 한이 그리 많은지 대화의 팔십 프로가 욕설이다. 술에 취한 사내가 배를 깔고 누워버린다. 돈 없다 배 째라 하니 주인도 할 말이 없다. 보호소에 들어가면 나오고 들어가면 나오는 그에게 제발 나가 달라 부탁한다.

로또 50억의 남자는 나타나지 않았다. 최고급 한우 특수 부위 50인분은 그곳에선 불가능한 주문이었다. 몇 달 뒤 노숙인은 다시 식당 안을 기웃거렸다. 얼굴은 핼쑥해지고 배는 가벼워 보였다. 그는 아무 말 없이 아이스크림 세 개와 커피 석 잔을 뽑아갔다. 우린 알고 있었다. 너나 나나 모두가 가여운 중생이란 것을.

내 귀에 비

　노안보다 이명이 먼저 왔다. 갱년기보다 척추질환이 먼저 왔다. 사랑보다 미움이 먼저 왔고 사랑이 무언지 알아보기도 전에 두 개의 늪에서 허우적거렸다. 젊기도 전에 늙었고 아픔이 뭔지도 모른 채로 눈물을 흘렸으며 행복은 어디까지인가 묻기도 전에 입을 열어 웃었다.

　사는 동안 서너 차례 점을 보았다. 점쟁이들은 내 귀를 보고 단명할 상이라 했다. 인덕이 없는 건 아니나 복이 많은 귀는 아니라 말했다. 조상 운도 없으니 복을 많이 지어라 일렀다. 어떤 이는 턱 밑에 물기가 없어 큰 병에 걸릴 거라 했다. 어떤 이는 이름도 바꾸라 했다. 뭔가 한두 가지 좋은 운도 있긴 있었다.

　단명이라니, 백세인생의 절반을 전전긍긍 넘겼으니 신명나게 춤출 일이로다. 내가 좋아하는 인문학을 하고 명사들도 만나 뵈니 인덕 없는 상도 아닐 테다. 조상 운이야 이 나라의 선조들이 나를 낳아 주셨으니 최고의 운일 게다. 목언저리에 살이 없는 건 태생이 마른 유전자를 타고났으나, 과거에 큰일 한 번 치른 적 있으니 더더욱 몸조심하지 않겠는가. 부친께서 지어주신 이름 석 자로 오늘날까지 먹고 살았으니 내 이름은 필시 좋은 이름이리라.

　생각이 많으면 귓가에서 시냇물이 흐른다. 밤잠을 못 이

루면 귓속에서 장작 패는 소리가 들렸다. 슬픔이 많은 날엔 두 귀는 쓰르라미 소리로 들끓었다. 건딜 수 없어 귀를 막았다 떼면 폭우가 쏟아지기도 했다. 내 귀는 이렇게나 작은데 왜 그리도 온갖 벌레와 세상의 소리가 끊이질 않았는지.

내 상을 내가 보니 의학의 힘을 빌려 턱을 좀 끌어당기고 귓불에 살을 좀 붙인다면 명운도 좋아지고 귀티 부티는 날지 모르겠으나, 제 운기도 못 거느리고 스스로 타락하는 자들을 보니 무엇이 맞는 점괘인지 알 도리가 없다. 바라건대 내 귀에 빗소리만 들리지 않는다면 공명空冥이 좀 트일 것 같기는 하다.

개인의 서재

나만의 서재가 있으면 좋겠다는 생각이 든다. 가족의 눈치로부터 자유로운 공간. 대충 빵 한 조각이나 에스프레소 한 잔으로 공복을 때우며, 맘껏 어질러놓아도 누가 뭐라 하지 않을 그런 집필실이 있으면 좋겠다. 작은 마당이 있으면 더욱 좋을 것 같다. 마당 한편에 흙을 놓아 백일홍을 심고 싶다. 곁에 자리가 난다면 상추 댓 포기나 고추 서너 주라도 심을 수 있으리.

나만이 홀로 책을 읽고 맘껏 생각하며 양껏 글을 쓸 수 있는 지극히 비밀스럽고 개인적인 방이 있다면 얼마나 좋을까. 누구의 발길도 닿지 않는 방. 밥때가 되더라도, 해와 달이 굴러오다가 배턴 터치를 하더라도 글자들과 함께 뒹굴 수 있는 방.

문학이 밥을 주냐 돈을 주냐는 누군가의 독설 따윈 맘에 두지 않고 싶다. 복에 겨운 소리, 배부른 소리라 힐난하는 이들도 있을 것이다. 산속의 절이나 창작마을, 혹은 오피스텔이나 한 칸 얻어 들어가면 되지 못할 게 뭐 있느냐 할 수도 있다.

그러나 부질없어라. 너무 고요하고 고립된 곳에서 견딜 재간이 내겐 없어졌다. 난 이미 어수선하고 시끄러우며 사람 많은 도시 생활에 길들었기 때문이다. 나만의 서재, 나

혼자만이 오롯이 영위할 수 있는 공간이 생겼으면 좋겠다는 생각은 그저 소망에 불과한 것이다. 나는 더 이상 조용한 곳에 머무를 용기가 나지 않는다. 산천초목에 비빌 자신은 더더구나 없다. 자연에 기댄 삶을 누리기에 내 마음은 나약하며 나의 벗인 문학적 재능조차 허황하다는 걸 안다. 시류가 하 수상하니, 개인의 집필 공간에 대한 바람은 접어두고 작금의 행운을 관찰하는 시간이나 가질 일이다.

싱크대에 그릇들이 나뒹굴고 있다. 부엌을 정돈하니 세탁물이 쌓인다. 하수구 냄새와 곰팡이 핀 줄눈을 닦아내는 기술은 이 집에서 나만이 가지고 있다. 안방의 티브이 소리에도 저항력이 생겼다. 나의 거처엔 서재와 글방이 따로 없다. 글을 고치는 동안 싱크대와 티브이 사이에 커피를 쏟았다. 나에겐 순서라는 것도 없나 보다.

춤춘다

아비정전의 아비처럼 춤을 춘다. 그리스인 조르바의 조르바처럼 춤추지는 못한다. 아비의 춤은 아비의 것이고 조르바의 춤은 조르바의 것일 테지만, 나는 댄스교실에서 배운 맘보를 출 뿐이다. 조르바에게서 배울 것은 한 가지.

'가서 춥시다. 먹어 치운 양에게 미안하지도 않소? 그럭저럭 방귀로 빠지게 할 셈이요? 갑시다, 가요. 가서 방귀가 아닌 노래나 춤이 되게 합시다."

오직 춤이다. 아비처럼 나를 잊고 싶은 춤 조르바처럼 피를 뽑는 춤을, 춘다. 앞으로 맘보 뒤로 맘보 사이드 맘보 엉덩이 뒤로 빼고. 젊고 아름다운 스승의 가르침대로 흔든다. 가슴을 내밀고 엉덩이는 8자로 그리는 연습을 한다. 허리가 펴지고 뒤꿈치에 힘이 생긴다. 춤은 나의 오랜 짝사랑이었다. 식당 일이 끝나고 나면 직원들과 나이트클럽에 가서 몸을 흔들었다. 룸살롱 마담에게 빠져 가정을 팽개친 남편 때문에, 죽지 못해 일한다는 박 언니는 클럽에서 광란의 무대를 펼쳤다. 다가오는 뭇 남성들을 물리치며 혼자 기둥을 붙들고 헤드뱅잉을 했다. 이렇게라도 하지 않으면 미칠 것 같아서요. 문밖을 나서면 도로 위의 차들이 내게 달려들 것 같거든요. 저렇게 늘씬한 아내를 버리는 남자라니, 세상 여러 번 겪고 볼 일이다. 아무 말 댄스를 너무 오래 추었다. 스텝도 박자도 출처도 모르는 춤들, 막춤에 중독되어 죽순이가 되기 전에 그 허우적거리는 늪에서 빠져나왔다.

맘보는 사랑스럽다. 흥분되지도 저돌적이지도 않다. 상처를 달래기에 좋고 홀로 추기에 더욱 좋다. 피를 뽑고 싶을 땐 스텝에 몸을 맡긴다.

* 「그리스인 조르바」에서 조르바의 말.

슬픈 토포필리아topophilia[*]

추억하고 싶어 간 것은 아니다. 누구는 그 시절이 그리워 고향 시골 집터에 다녀갔단다. 고향의 빵집 고향의 중국집 고향의 사진관 고향의 한약방 고향의 어머니 할머니. 아 나는 추억이 싫다. 추억이 싫어서 고향에 간다. 나를 두고 먼 길 떠난 어머니가 미워 고향에 간다. 역전 골목에 즐비하던 색시집들이 여전히 남아있다는 사실은 나를 슬프게 한다. 적산가옥처럼 음침했던 내 여중학교가 남녀공학으로 바뀌었다. 대학생 오빠가 화염병을 만들어 두었던 피난민촌 골목집의 부엌은 생각조차 하고 싶지 않다. 총명했던 오빠는 바보 같았고 여전히 바보스럽게 사는 게 무슨 가보며 족보란 말인가. 유년의 땅을 밟고 나는 운다. 내게 곧잘 용돈을 쥐여주던 외삼촌은 나도 모르게 돌아가셨다. 무엇으로 밀었는지 집도 절도 보이지 않는다. 우리는 추억속에 살지만 진정 과거를 추억하고 싶은 사람이 몇이나 될 것인가. 그러나 추억 때문에 운다. 추억하기 싫은 나의 발걸음이 그곳으로 향한다. 눈보라 치고 갯바람 불던 동네는 길목조차 찾아보기 힘들다. 깨알처럼 맴도는 어린 것들의 웃음소리에 고개를 돌린다. 아무것도 보이지 않는다. 추억이란 것은 관념어에 불과하다. 추억하고 기억하려는 것은 나의 뇌가 보상받기 위해서다. 스토리를 다시 엮고 싶어서다. 필름을 돌려 옥에 티를 지우고 싶어서다. 손바닥만 한 나의 이야기, 나의 문장. 나를 추억하지 않기 위해 온 곳, 내가 추억하고 싶은 것은 모두 날아가 버렸다. 그것들은 결국 내 가슴과 머릿속에서 재정립될 것이다.

* 토포필리아topophilia : 장소에 대한 애착을 의미함.

가장 빨리 되는 것

한 남자가 총알같이 들어와 식사를 주문한다. 빨리 먹고 광화문에 가야 한다며 이 집에서 가장 빨리 되는 걸로 달라 한다. 오늘은 단체 시위하는 날, 일당을 준다니 일을 해야 할 것 아니냐 한다. 말도 빠르고 행동도 민첩하다. 일당이 얼마냐 물으니 오늘은 십만 원이라 한다. 에이 설마요, 농담이겠죠? 되물으니 더운 밥 먹고 쉰 소리 하느냐 역정을 낸다. 제트기가 지나간 것 같다. 갈비탕을 내 온다. 화살처럼 먹는다. 국물을 남긴다. 점심엔 김밥과 커피도 준단다. 돈이 최고라 한다. 이 보슈, 오만 원만 기부 좀 하슈. 거 혼자 번다고 세상이 잘 돌아가는 거 아니지이- 공정한 사회 만들려고 없는 사람들이 이렇게 불철주야 농성하는데에- 한다. 속사포 같다. 아무도 모르게 흘려 놓은 짬이 얼만데 이런 말을 듣나 서럽다 싶다가도 그래, 돈과 밥뿐인 이런 곳에 들어오면 그런 생각이 들 법도 하지 싶다. 물대포에 뒤통수를 한 대 얻어맞은 것 같다. 죽어도 모를 것 같던 일들이 밥상 위에서 이루어진다. 가장 빨리 나오는 것은 갈비탕이고 가장 빨리 되는 것은 돈이다. 세상에 비밀은 없고 모든 건 빠르게 전달된다.

밥자리

식당에 가면 조심스럽다. 직원들의 노고를 보게 되고 주인의 고달픔을 읽게 된다. 주문을 늦게 받아도 화내지 않고, 음식이 어설피 나와도 타박하지 않는다. 과부 설움은 과부가 안다고, 식당일을 해보니 그들의 사정을 이해한다고나 할까. 손님이 많아도 힘들고 없어도 힘든 게 밥장사란다. 힘들면 안 하면 되지 않느냐 하겠지만 사람 사는 일이란 다 비슷한 법. 운전대만 잡으면 성난 이리가 되는 것처럼, 유독 식당에만 들어서면 돌변하는 이들이 있다. 빈 접시를 젓가락으로 툭툭 치는 게 습관인 사람도 있다. 그릇이 비었으니 반찬을 더 가져오라는 뜻이다. 접시를 때리는 쇳소리는 아프다. 젓가락이 사람의 마음을 때리는 것만 같다. 그릇의 귀가 통통 울릴 때도 있고 그릇의 뺨이 쟁쟁 울릴 때도 있다. 입은 뒀다 뭐에 쓰시려고요? 하던 B 양이 생각나 쓴웃음을 삼킨다. 될 수 있으면 밥상 앞에서 사나운 모습을 보이지 않으려 한다. 맛이 있든 없든 그가 악덕 업자만 아니라면, 할 수 있는 한 식당에서 감사히 먹으려 한다.

호우 주의보

여고 동창회에 간다. 전동차에 앉아 세상을 본다. 오른편 젊은이의 졸음이 내 어깨로 무너진다. 육중한 그 잠을 일으켜 세울 도리가 없다. 왼편엔 내 연배쯤 되는 여인이 앉아 있다. 햇빛이 싫은 그녀는 팔다리를 검정으로 가리고 차양 모자 속에 두 눈만 빠끔 내놨다. 상인이 들어와 잔글씨 읽기에 좋다며 돋보기를 선전한다. 휠체어 탄 노인이 자일리톨 껌을 가득 안고 다닌다.

서른 해 전, 지하철을 탈 때마다 전동차 안에는 불우한 사람들이 많았다. 한 번은 말쑥하게 생긴 청년이 크리스마스카드 다발을 든 채 내 앞을 오가고 있었다. 그는 중환자실에 있는 친구 병원비로 쓸 거라며 카드를 사 달라고 간청했다. 나는 주머니에서 지폐를 꺼내 그에게 주었다. 주변 사람들이 나를 이상한 눈으로 쳐다보았다. 친구가 많이 아프대. 네 살배기 딸아이에게 속삭였다.

모처럼 동창들 만나러 가니 모처럼 화장하고 모처럼 헤어 젤도 발랐다. 외출할 때마다 모든 걸 모처럼 하지만 우기 때 '모처럼'이란 단어는 적절치 않다. 젖은 전동차, 젖은 철도, 젖은 비둘기 한 마리가 절뚝거린다. 여고 단톡방 문자들이 빗줄기처럼 흐른다. 젖은 글씨들이 우리네 마음 같다. 안경을 써도 흐리고 안 써도 흐리니 돋보기를 또 사야

하나 고민이다. 갱년기엔 잇몸도 녹아내린다니 말랑한 껌
조차 다시 씹을 수 없을 성싶다.

맨발로 걷기

아파트 단지 앞 근린공원에 운동하는 사람들이 많이 있다. 걷는 사람, 뛰는 사람, 허리 돌리는 사람, 무릎을 굽혔다 펴는 사람, 철봉에 매달린 사람, 자전거 페달을 밟는 사람, 배드민턴을 치거나 공놀이하는 사람들.

최근에 공원 둘레 길이 새롭게 조성됐다. 삭고 오래된 명석도 걷어내고 흙을 다져 산뜻하게 단장했다. 이름 하여 '맨발 길'을 만든 것이다. 신발장과 세족장도 갖추었다. 거북이와 달팽이 의자 두 개가 눈길을 끈다. 맨발 걷기에 맞춰 '어씽earthing'이라는 근사한 용어도 알게 되었다. 사전을 찾아보니 'earthing'이란 '접지接地'를 뜻한다고 나와 있다. 영어로는 'fastening electrical equipment to earth(훼스닝 일렉트리컬 이큅먼트 투 어쓰)'라 풀이가 되어 있고, 우리말을 대입해 보니 '전기전자 장비를 땅에 고정하다' 정도로 알 수 있었다.

개들이 산책하고 있다. 맨발로 걷기라 한들 짐승을 따라갈 수 있을까. 반려동물이야말로 맨발 걷기, 맨발 뛰기의 숙련가들이다. 간혹 강아지들의 여린 발바닥을 보호하려 네 발에 신발까지 장착한, 다소 어색하면서 우아한 모습도 보게 된다.

나도 시대를 앞서가는 '어씽족'들을 따라 발 벗고 걸어본다. 굳은살 한번 제대로 박힌 적 없는 발바닥이 아프다고 투정 부린다. 아니 아픈 정도가 아니라 뾰족한 걸로 쿡쿡 찌르는 것 같다. 흙이 상처를 내랴. 오호애재嗚呼哀哉, 바닥을 후비듯 아프다. 하기야 그때 그 시절 검정고무신을 신어도 발이 배겼는데 맨발이야 오죽할까. 다행히 발바닥은 무사했다. 제아무리 오래 살고 싶을지언정 두 번은 맨발로 걷지 못할 듯하다. 내 나이 얼마나 더 먹어야 접신, 아니 접지를 할 수 있으려나.

퉁치다

이리 말하면 내가 부족한 건지 모르겠으나, 퉁친다는 표현을 최근에야 이해했다. 어떤 사람으로부터 퉁치자는 말을 들었을 때 그게 어떤 의미냐고 물었다. 사는 동안 단 한 번도 퉁친 적이 없었다. 퉁친다는 언어를 사용할 수가 없었다. 줄 것도 받을 것도 없어 내 생애 퉁칠 일은 없을 거라 여겼다. 네모난 식당 안에서 네모난 식탁을 보며 네모난 의자를 넣고 빼는 일상, 거래처 명세표는 정확해야 했고 술병은 깨진 게 없어야 했다. 네모난 냉장고 속 유리병들은 각이 맞아야 했고 돌아가는 것은 늘 한결같아야 했다. 종업원의 임금은 그의 휴식과 맞바꿀 수 없었고 차림표에 모듬요리를 기재하는 건 금기 사항이었다. 손님은 순서대로 앉혔으며 순서대로 물과 컵을 내고 순서대로 주문을 받았다. 그러나 모든 건 사람이 하는 일이고, 한번 꼬인 것은 순서 없이 꼬이는 법. 불판 위의 고기를 순서대로 뒤집지 못해 따끔한 꾸중을 들었을 때 어느 누가 말했다. 이 봐, 고기를 태웠으니 한 덩어리 더 가져와. 그것으로 퉁치자고. 퉁치는 게 무슨 말인지 한참을 생각했다. 내가 말귀 어두운 여자였는지는 몰라도, 먹는 것으로 퉁치기는 싫어 돈을 받지 않았다. 따지고 보자면 준 것도 받은 것도 아니니 그게 바로 퉁친 거라고들 했다. 세상일이란 모두가 한쪽이 손해

보는 구조였으니, 내겐 무엇으로도 퉁칠 수 있는 권리는 없었다. 퉁치자는 말을 쓸 일도 없고 퉁치고 싶은 삶은 더더욱 아니었으므로. 그러나 이울어 가는 처지에 한 번쯤 퉁칠 줄도 모르는 게 무슨 자랑인가. 퉁친다는 것은 둥글둥글 살자는 것. 신축성 있고 효율적으로 세상을 바라보자는 것. 우리가 두 손을 맞잡고 화해하자는 것. 누군가 내게 퉁치자는 말을 꺼냈을 때, 나는 삶을 관조하는 그의 태도에 경의를 표하게 되었다.

삶의 파편들을 날카로우면서도
인간적으로 바라보는 시선

문정영(시인)

　인생은 놀이다. 일을 하는 것도 시를 쓰는 일도 사랑하고 죽는 것도 하나의 놀이다. 그런데 사는 일은 놀이로 인식되기 전에 고통이 먼저 와 닿는다. 그 역경을 통과하여 놀이라는 시선에 가닿기 위해 얼마큼 깨달음의 문을 두드려야 하는지 모른다. 한 권의 시집을 읽다 보면 행간에 쓰여 있는 시인의 질문과 대답을 수없이 듣고 답해야 한다. 즉 일상용어에서도 '마음을 읽는다', '생각 읽기' 등의 표현이 자연스럽게 사용되고 있는데, 읽는다는 말은 인간 간의 소통 자체를 의미한다는 점에서 시는 인간의 정서를 가장 잘 표현할 도구이다.

"밥집은 문을 여닫는 걸 밥 먹듯 한다" "우린 뜨거워질 때까지 겨울을 참아야 한다 이겨내야 한다"라는 문구에서 유시경 시인이 가진 생각의 일부를 엿볼 수 있으며, 어쩌면 이번 시집의 바탕을 이루는 의식 구조가 아닐까, 생각해 본다. 그렇게 「국밥집의 역사」라는 시가 쓰이지 않았을까.

유시경 시인의 시집에서 독특하게 느끼는 한 가지는 자기 독백이다. 누가 듣지 않아도 세상에 나를 드러내고 싶은 자조, "갓 지은 밥알을 깨물다가/ 타인을 깨물고 타인의 일가를 깨물고/ 타인의 일가 내력까지 깨물다가 내가 문 숟가락을 깨무네/ 숟가락이 이를 물고 이가 혀를 물면 물린 혀가 부풀어 오르네" (「거울 속의 혀」) 이는 시인이 현실을 인내하면서 자기 안의 세계에 몰입한다. 어쩌면 이것이 그가 시를 쓰면서 허무를 풀어내는 방식이 된 것은 아닐까. 그러면서 "벽의 끝에서 나와 똑같이 생긴 나를 발견한다/ 꿈은 일시에 무너진다"(「꿈꾸는 벽」)처럼 늘 좌절과 서러움을 버릇처럼 껴안고 살았는지도 모른다.

시인의 삶을 평탄하지 않았다. "제 몸과 연결된 줄을/ 타면서, 그저/ 거미일 뿐인/ 거미는/얼마나 아팠을까요"(「그저 거미일 뿐인」) 그렇게 자신을 거미처럼 인식한 시인은 식당일을 하면서, 아이를 키우고 남편을 뒷바라지하면서도 긍정의 기조를 이어나갔다. 가족을 위하여 지난한 삶을 영위하지만, 서로의 신뢰를 잃지 않았다. 이런 관계가 궁극의 '가족'이다. "살아가는 것은 지탱하는 것만은 아니었다/ 나날이 새롭게 태어나는 꿈들을/ 들여다보는 것이었다"(「웃는 일」)도 결국 가족 간의 유대감이 시인의 마음을 가득 채우고 있다는 것을 보여준다.

　아픈 기억들이 가져다준 체험들은 유시경 시인에게는 문학적 영감이 되었다. 편편이 실제의 삶에서 체득한 생생한 현장들이 다가온다. 어쩌면 개인의 수난(passion) 시대가 끝난 후에 시인은 웃음을 배웠을 것이다. 그런 살아 있는 시편들을 하나씩 찾아가면서 시인이 이 시집에 담고자 하는 의미들을 읽어보자.

　　　　햇살이 직방으로 쏟아지는 복날 아침
　　　　일찌감치 숯불을 붙인다
　　　　오늘은 다른 날보다 손님이 많이 들 것이다
　　　　여느 때와 달리 숯을 많이 넣는다

　　　　벌건 해가 숯을 달군다 더운 바람이 숯불 속으로 기어들어온다
　　　　화로 앞에 아지랑이꽃불 이글거린다

새끼를 세 번씩이나 밴 어미 고양이가 먹이를 찾아 어슬렁거린다

갈비탕 국물을 퍼서 식은 밥과 함께 섞어준다 어미 고양이는 순한 양 같다

택시는 줄 서 있다, 불확실하게

숯가루를 털어내고 한바탕 물을 뿌린다

일당 아주머니는 수저를 채우고 진주 같은 박 양은 상추를 씻고 있다

기사 한 분이 좋은 아침이라며 모닝커피 한 잔을 뽑아간다

지나가던 노숙인이 납 같은 표정으로 아이스크림을 퍼간다

지나가던 어린애가 아이스크림 통을 뚫어져라 쳐다본다

하나 줄까 하니 친구들을 데려온다

어차피 아이스크림도 공짜 커피도 공짜다

열린 것은 모두에게 열려 있다 모두에게 열린 것은 뜨겁거나 차가운 것

밖으로 기어 나오는 불꽃, 화로

구멍을 닫는다

여름이어서, 불같은

여름이어서 오늘은 다른 날보다 숯에 불이 더 잘 붙는다

- 「숯불 붙이는 풍경 1」 전문

유시경 시인의 「숯불 붙이는 풍경 1」에는 시인의 고된 삶이 문장으로 체화되어 시의 전반에 녹아 있다. 햇살이 정면으로 쏟아지는 복날 아침. 일찍부터 숯불을 피우는 장면을 볼 수 있는데, 여기에는 단순한 일상의 재현을 넘어, 노동의 리듬과 인간 존재의 내면 풍경이 동시에 드러난다. 식당은 복날을 맞아 손님이 붐빌 것으로 예상되는 장면들과 겹치면서 숯불의 열기와 더위는 단순한 풍경이 아니라 삶의 뜨거운 온도를 암시한다.

또한 고양이에게 국물 밥을, 노숙인과 아이에게 아이스크림을 내어주는 장면은 이 시의 중심 주제인 '나눔'의 의미를 더욱 확장한다. 시인이 발견한 통찰은 "열린 것은 모두에게 열려 있다 모두에게 열린 것은 뜨겁거나 차가운 것"이라는 구절에 함축되어 있다. 이런 구절은 단순한 말의 온도를 넘어, 공동체와 나눔의 의미를 더 깊이 느낄 수 있게 한다. 나눔은 뜨겁거나 차갑다. 진심과 계산, 온정과 냉담 사이에서 인간은 언제나 양극의 감정을 오간다. 시인은 이 균등하지 않은 온도의 세계에서 묵묵

히 숯불을 지피며 오롯이 시인만의 삶을 살아낸다.

　시인의 또 다른 시 「숯불 붙이는 풍경 2」에서도 가난한 실업자의 아픔을 "추우면 빈 그릇이 늘어난다 빈 아이스크림 통처럼,/ 비어 있는 벤치는 더 춥다"라고 작금의 현실로 직시한다. 이는 노동의 현장을 정제된 시적 언어로 재현한 것이다. 그리하여 시인의 윤리적 지향점을 가감 없이 드러내었다는 점에서 탁월한 작품이다.

　　어둠 속에 가만히 누우면 등이 타오르는 것 같았다. 아침에 일어나 거울을 볼 때마다 내 몸에 하나둘 꽃이 피어났다. 몸의 반란이 시작된 걸까. 밤새 잠 못 드는 몸이 혼자 수를 놓고 있었다. 앞머리를 붙이고 다니는 것도 짧은 치마를 입지 못하는 것도 당신과 손을 맞잡기 싫은 것도 손등과 다리에 하얀 얼룩 꽃이 피었기 때문이다. 이 꽃들 때문에 더는 사람에게 다가갈 수 없다. 우리 집 강아지 알비노 치와와는 두 살이 되면서 하얀 꼬리 위에 작은 반점이 자라기 시작했다. 세 살이 되자 점은 갈색 얼룩으로 짙어졌다. 삶은 픽션이 아니라 필연적이라지만 우연한 일도 더러는 생기는 법이지. 자고 일어나면 퍼져 있는 꽃. 군락을 이루는 꽃들의 얼룩을 지우려 약을 탄 욕조에 누워도 봤으나 공연한 짓이란 걸 깨달았다. 내 몸은 이제 얼룩 꽃으로 뒤덮인 섬이 되었다. 햇볕 아래서 무늬는 또렷해지고 투명한 물속에서 꽃들은 출렁인다. 온몸이 불처럼 타오를 때면 섬을 헤집는다. 줄기가 생기고 꽃이 번진다. 길가에 꽃들이 얼룩덜룩 피어 있다. 나도 꽃들 틈으로 숨으면 꽃처럼 보일까. 꽃만 보게 해주세요 하니 신은 내게 꽃이 되라 한다. 꽃이 앉았던 자리는 왜 폐허가 될까. 시간을 되돌릴 수 있다면 얼마나 좋을까. 얼룩으로 수놓는 불꽃 바늘이 따갑다. 뜨겁다. 섬의 활화산이 부풀어 오른다.

– 「얼룩무늬 인간」 전문

「얼룩무늬 인간」이라는 시는 시인의 고백을 적어놓은 고통의 서사이자, 존재의 흔적을 '꽃'이라는 이미지로 변화시키는 은유가 살아 있는 작품이다. 몸에 핀 얼룩은 단순한 피부의 탈색이나 병이 아니라, 사회로부터의 소외감과 그리고 여성의 존재론적 고통을 표현한 것이다. "꽃"이라는 언어는 고통의 절정에서 피어나는 생의 모습이다. 그리하여 "줄기가 생기고 꽃이 번진다"라는 문장에서 삶의 아픔이 확장되는 것을 느낄 수 있다. 시인은 자신을 '얼룩으로 뒤덮인 섬'으로 묘사하며, 타인과의 단절 속에서도 자기 존재를 어떻게 감내할 것인가에 대한 질문을 계속해서 던진다. 이 시는 아름다움의 조건이 무엇인지, 정상과

비정상의 경계는 어디서부터 비롯되는지를 되묻는 의미 깊은 작품이다. 몸의 병증과 삶의 얼룩을 치유의 대상이 아닌 '존재의 문양'으로 표현한 시인의 시적 표현은 처절하면서도 강렬하다.

시인의 강도 높은 노동에서 오는 병은 「업그레이드」라는 시에서도 드러나는데, 시인은 허리통증의 고통을 "계단처럼 무너진 척추, 할 수 있다면 허리를 다 밀어버리고" 싶다는 절규에 가까운 표현으로 자신의 통증을 대변한다. 그러한 삶의 서러움을 벚꽃에 비유한 작품도 눈에 띄는데 「벚꽃은 나선형으로」라는 시에서 시인은 "벚꽃은 늘 내 걸음보다도 천천히 내려오는데, 나는/ 내가 서러워 뒤로 걸으며 내 설움 속에 갇혀버리고 만다" 라는 표현으로 삶의 아이러니를 잘 구현하고 있다. 삶이란 우리에게 고통과 환희를 양날의 검처럼 보여준다는 것을 시인은 잘 알고 있다. 삶의 상처는 시인의 몸과 시에서 얼룩으로 피어난다. 그러나 그 얼룩은 부끄러움이 아니라, 아직 칼칼하게 살아 있다는 증거이다.

처음 땅을 사서

첫 농사를 짓던 날, 남편이

그만 까무룩 기절했다

더운 줄도 모르고

몸의 수분 다 새 나가는 줄도 모르고

흙을 파다가 그만

눈이 돌아가 버렸단다

세상이 허예서 죽는 줄 알았단다

조상님 덕에 살았다며

제사에 진심이다

부처님 덕에 살았다며

나눔에 충실하다

푸성귀 싣고 와 동네방네 베푸느라

시간 가는 줄 모른다

그러던 어느 날

식물들과 대화하는

한 남자를

보았다

내가 익히 알던 그가 아니었다

– 「어떤 신념」 전문

유시경 시인의 「어떤 신념」은 남편의 신념을 가까이에서 지켜
보며 쓴 시다. 서정적인 사유로 완성된 작품이지만, 그 이면에

는 농촌 현실과 신앙, 가족 그리고 노동에 대한 복합적인 사유가 깃들어 있다. 남편은 농사 첫날 과로로 실신하지만, 그 경험을 조상과 부처의 은덕이라는 긍정적인 자세로 재해석하며 신념과 나눔의 삶을 살아간다. '믿음'이라는 추상적 의미를 구체적인 생활로 되바꾸는 시상의 변화가 돋보인다. "푸성귀 신고 와 동네방네 베푸느라"라는 구절은 농촌 공동체의 윤리적인 생활을 생각나게 하며, 신념이라는 것은 사유의 결과가 아니라 실천의 누적된 결과라는 것임을 강조한다. 시인의 또 다른 작품「미네랄 페이퍼」라는 시에서 시인은 삶을 "눈물로 얼룩진 자들의 이야기"라고 정의하기도 한다. 시인의 고된 삶의 흔적이 시 곳곳에 녹아 흐르고 있다.

어느 날 갑자기 아버지의 말들이 내 뺨을 후려쳤어. 아버지는 내게 두 다리를 모아 앉으라고 말했어. 짧은 바지는 안 돼, 해 떨어지기 전에 나가선 안 돼, 찰랑이는 옷 비치는 옷은 안 돼. 두 발 달린 것들은 안 돼. 친구를 사귀어도 안 돼, 나쁜 애들일 지도 모르잖아. 내가 지켜야 할 말을 잊어버렸어. 내가 타고 다녀야 할 말을 잃어버렸어. 외출 금지령이 떨어지자 나는 탈출을 시도했어. 바닥을 훑으며 내 말들을 주워서 입에 넣기 시작했어. 말들을 쪼개 한 조각씩 목구멍으로 밀어 넣었어. 말의머리 말의내장 말의

힘줄 말의심장 말의다리 말의꼬리를 잘라 야금야금 씹어 먹었어. 말을 먹어버렸어. 내가 지켜야 할 말을 꿀꺽 삼켜버렸어. 말을 뱉었어. 내 말을 묶어 놓으니 나는 견딜 수 없었지. 말을 토했어. 내가 풀어준 말들이 세상으로 달아나고 있네. 더 이상 말이 나오지 않았어. 내 말들이 날아다녔어. 네 다리가 자라 큰 말이 되었어. 내 안에 소화되지 않은 말의 기억들이 튀어나오려 했어. 내 식도에 박힌 말들의 울음이 이빨을 내밀고 두리번거리고 있었지. 두 발 달린 것들은 안 돼, 그래서 난 네 발 달린 걸 타기로 했지. 내 안에 수많은 말의 파편들을 하나씩 꺼내며 아버지, 하늘에 계신 나의 아버지. 나는 비로소 자유를 느꼈어. 말을 꼭꼭, 난 언제쯤 나를 소화할 수 있을까.

- 「말들의 반란」 전문

「말들의 반란」이라는 시는 우리나라의 오랜 전통이었던 가부장제에 대한 반항이자 억압된 여성의 목소리를 되찾기 위한 언어적 투쟁이 돋보이는 작품이다. 시인은 '말(言語)'과 '말(馬)'이라는 이중적인 의미를 교차시키며, 아버지의 명령과 통제에 대한 불합리성을 언어로 고백하기도 한다. '말의 머리, 내장, 힘줄, 심장, 다리, 꼬리'를 씹어 먹는 행위는 폭력적이고, 가부장적인 생활방식에 대한 고발이고, 여성성 회복에의 염원이 담겨 있다. 그리하여 말을 먹고 말이 되어 달린다는 설정은 페미니즘적 은유로도 해석할 수 있다.

　억눌린 자아가 말(馬)의 형상으로 사회를 질주하는 장면은 자유에 대한 열망이자, 표현이다. 시인은 말들의 반란을 통해, 부서졌던 말을 다시 조립하고, 그 언어로 시 세계를 다시 형상화한다. 「붉고 푸른 아버지」라는 시에서 시인은 "세상은 그래도 신선했지 아버지처럼/ 생선 같은 글을 쓰고 두엄 같은 책을 읽네/ 두엄 같은 나를, 생선 같은 당신을"이라는 시구로 아버지에 대한 그리움과 애증을 표현하였다. 이는 단순한 기억의 고백을 넘어, 여성의 주체성과 목소리를 회복하려는 아이러니적 모습을 담고 있다.

> 백에 오만 원짜리 문간방에서
> 스무 살 된 어미가 백일 된 아기에게 눈물을 타서 젖을 먹였다
>
> 벽이 터지고 갈라져 눈발이 새어들던 그 밤
> 사내는 조금 일찍 퇴근했다
> 〈

멈추지 않는 하혈은 석 달 열흘을 넘어가고 있었다

아기를 안고 서러워 우는 아내에게

그는 걱정 마, 내가 다 고쳐 줄게, 라며 위로했다

그의 말을 믿었고 그는 약속을 지켰다 그는 아내의 구세주였다

어미와 아비의 눈동자를 올려다보는 아기는 숫눈처럼 희었다
청량했다

서빙을 하다 핏덩이를 쏟은 적이 있었다 그날은 숯불 연기조
차 감미로웠다

공중화장실 차가운 타일 벽에 기대어 울음 울던 저녁은

아픔이 아니었다 슬픔도 아니었다

우린 가까이 있으면서 왜 이리 멀리 떨어져 있는가

뺨을 타고 흐르는 내 눈물에 당신이 입을 맞추던 날이 생각난다

아기는 삶이 되고 감정은 병들어간다

함께해야 할 당신과 나의 그것은 어디에 있는가

끊임없이 서로를 믿는다는 건 얼마나 지루한 기다림인가

〈

부재중인 우리의 밤에 녹턴이 흐른다

　　고독의 색깔도 눈물의 질량도 세월 따라 변하는 것

　　그러나 삶은 인스턴트가 아니어서, 나는 또

　　그렇게 당신을 사랑할 결심을 한다

- 「녹턴, 두 개의 밤」 전문

　「녹턴, 두 개의 밤」은 유시경 시인의 정서적 깊이와 사유의 힘을 동시에 느낄 수 있는 작품이다. 시인의 일관된 주제 즉, 삶의 고통, 여성의 존재성, 대인관계의 중요함 등을 한꺼번에 모아놓은 결과물이라 할 수 있다. 가난한 청춘, 젊은 부부의 사랑 그리고 시간이 지나며 점점 사라지는 사랑에 대한 연민이 단단한 서정의 뼈대 위에 얹혀 있다. "스무 살 된 어미가 백일 된 아기에게 눈물을 타서 젖을 먹였다"라는 첫 구절은 이미 시 전체를 압도하는 감정적 무게를 지닌다. 젊은 시절의 아픔을 '삶의 일부'로 받아들이는 이 시에서 사랑은 고정된 감정이 아니라 변화하고 퇴적되는 시간의 결정체다. 삶은 인스턴트가 아니기에, "또 그렇게 당신을 사랑할 결심"을 한다는 마지막 구절은 단순한 감정의 회복이 아니라, 관계에 대한 성숙한 태도를 보여준다.

지금까지 유시경 시인의 시편들을 읽으며 한 생이 얼마나 많은 곡절을 가졌는지, 그 생생한 리듬을 통하여 사람들은 홀로 아프지 않고, 슬픈 사람들은 홀로 어둠을 바라보는 것이 나만이 아니라는 것을 읽을 수 있을 것이다. "내 나이 얼마나 더 먹어야 접신, 아니 접지를 할 수 있으려나." "될 수 있으면 밥상 앞에서 사나운 모습을 보이지 않으려 한다. 맛이 있든 없든 그가 악덕 업자만 아니라면, 할 수 있는 한 식당에서 감사히 먹으려 한다."라는 반성과 통찰 그리고 세상과의 대화를 통하여 시인은 한층 성장하고 있다. 어쩌면 그것이 시인이 시를 쓰는 이유일 것이며, 현재를 이겨나가는 자신만의 방식일 것이다.

"맘보는 사랑스럽다. 흥분되지도 저돌적이지도 않다. 상처를 달래기에 좋고 홀로 추기에 더욱 좋다. 피를 뽑고 싶을 땐 스텝에 몸을 맡긴다" 이 한 문장에 시인이 가진 세상을 바라보는 시선이 담겨 있다. 해학과 인내, 웃음과 철학이 이 시집 속에는 가득하다. 일독을 권하며 시집발간을 진심으로 축하드린다.